最高の
the best way to work
働き方

金川顕教

SOGO HOREI PUBLISHING CO., LTD

もし仕事をしなくてもよくなったら、何をしたいですか？

はじめに

右ページの質問を読んで、読者のみなさんはすぐに答えが出たでしょうか。答えにつまる人は、少し危険です。普段から「やらなければいけないこと」ばかりに縛られてしまっていて、何をやりたいのかが見えなくなっているのかもしれません。

世の中には起業のための本や、仕事で結果を出すための本がたくさんあります。それらの隣に並ぶこの本には、「脱サラ」のための考え方が書かれています。要は「会社を辞めなさい」と言っているわけで、労働人口減少が叫ばれる時代に、そんなことを本にしていいのか、と思われるかもしれません。

でも、この本の目的は脱サラそのものではありません。転職や独立のために必要な考え方などもお話ししていきますが、それを目的にした本でもありません。

この本で僕がみなさんに問い掛けるのは、いま、何をやりたいのか、何をやりたくないのか、それはなぜなのか、何のためなのか、といったことです。

自分自身にそうした問い掛けを重ねていくと、新しい気づきや迷いが生まれてきます。「自分は何がしたかったんだろう」「家族のためといって働いているけど、本当だろうか」「本当に求めていたものは、お金じゃなかったんだ」。

その先に見えるのは、自分の人生の理想の形です。自分がどう生きたいかを見極め、実現するために実践する。それがこの本の目的です。


僕は、大学受験を二浪した後に、立命館大学に合格しました。在学中に公認会計士試験に合格し、卒業後に日本の四大監査法人のひとつとされる、有限責任監査法人トーマツに就職しました。人並み以上の収入をもらえましたし、人間関係も良好で、大きく不満に感じるところはありませんでした。

良い大学を出て、良い会社に入って、良い環境を得て、良い収入をもらえる。この4つで、僕は幸せになれるだろうと思っていました。でも、それは間違っていました。確かに人よりたくさんのお金はもらえるけれど、自分のしたいことをする時間がない。これは違う。僕の欲しいものは時間だと気づいたのです。

そうして起業を決心。3年ほど勤めた会社を辞めました。

起業してからは、毎日が夏休みです。他人から見れば忙しく働いているように見えると思いますが、楽しくやっているので辛さはありません。毎日「今日は楽しかったな」と布団に入り、朝は「今日も楽しもう」と仕事に出掛けます。

それは僕だからできたということではありません。自由を手に入れて自分らしく生きるということは、限られた人にだけ与えられた特権ではないのです。

この本を手に取ってくださったのは、会社員の方が多いと思います。失礼な言い方になりますが、会社員の中でも、いまの仕事をあまり楽しいと思っていない方ではないでしょうか。でも、それを裏から見れば、とても大きな可能性があるということです。やりたくないことなのに、やり続けることができている。ビジネスの第一線で働けている。そうであれば、自分のやりたいこと、好きなこと、楽しいことに力を向けたら、すぐに結果に結び付くはずです。

最初から気合いを入れる必要はありません。まずは肩の力を抜いてみましょう。この本は「脱サラ」の本です。難しく考える前に、少し休んでみるのもいいのではないでしょうか。

CONTENTS

CONTENTS

第2章 そもそも安定なんてない

CONTENTS

第3章 やりたいことなんてなくていい

CONTENTS

第4章 感情を解き放つ習慣

第5章 脱サラ後の選択肢

CONTENTS

プロデュース ―― 水野俊哉
編集協力 ―― 石井晶穂
装丁 ―― 別府拓(Q.design)
本文デザイン ―― 大口太郎
図表・DTP ―― 横内俊彦
校正 ―― 矢島規男

第1章

会社員の活動休止宣言

ちょっとくらい休んでも大丈夫

引退していく有名人たち

２０１９年、アイドルグループ「嵐」が２０２０年いっぱいでの活動休止を発表しました。同じ頃に、西野カナさんも活動休止を発表。２０１８年には安室奈美恵さんが引退。少し前では２０１６年にＳＭＡＰが解散。最近、第一線で活躍しているアイドルや歌手の活動休止というニュースを、よく見るようになりました。

もちろんファンの人たちにとっては悲しい出来事だと思いますが、引退や活動休止といったことに、多くの人が理解を示す雰囲気が出てきたように思います。「ずっと頑張ってきたんだから」「ちょっとくらい休ませてあげて」。テレビインタビューにそう答えるファンの人たちも多くいました。

僕は、**会社員だって同じようにしていい**と思います。テレビの中のアイドルのように有名ではなくても、ビジネスの第一線でずっと頑張ってきた。月曜から金曜まで、朝早くから夜遅くまで、時には休日出勤までして働いてきた。イヤなこともたくさんあったけれど、それでもここまでやってきた。

そうであれば、**ちょっとくらい休んでもいい**のではないでしょうか。言うなれば、**会社員の活動休止宣言**です。

「そりゃ会社員でなければ休んでも平気だよね。俺はそうはいかない」と思われるかもしれません。でも考えてみると、仕事を辞めることに対する抵抗や辛さ、不安はアイドルたちのほうが大きいのかもしれません。事務所のこと、仲間のこと、そしてファンの人たちのこと。辞めるという決意に至るまでの葛藤は、僕たちの想像を遥かに超えているように思います。

語弊があるかもしれませんが、それに比べれば、会社員のほうが辞めやすいのではないでしょうか。もし自分が会社を辞めたら、どんなことになるか。お金に困る、世間体が悪い、会社に迷惑を掛ける。どれもが本当のことだと思いますが、よくよく考えてみると、**そんなに大変なことではない**ようにも思います。まずはそのことを、お話ししていきます。

他人に決められる行動

2015年に電通の新入社員の方が自殺したことが問題になりました。連日の残業、徹夜や土日出勤もあったそうです。ネットなどには、「死ぬくらいなら、なぜ会社を辞めなかったのか」という意見もありましたが、精神的に追い込まれるとそうした冷静な判断もできなくなるそうです。

いまや3人に1人が鬱《うつ》病になるといわれています。それは精神的に欠陥があるからということではなく、あくまで病気のひとつです。内臓を悪くすることや、怪我をすることと同じ、避けるべき対象です。

そうであれば、当然予防法があります。一度鬱状態になってしまうと、かなり大変です。自分を冷静に見られなくなって、どんどん深みにはまってしまう。**そうなる前に、ちょっと休んで楽しいことをしましょう**。

特に日本人は、小学校、中学校、高校、大学、最近では幼稚園、保育園から、ずっと縛り付けられて育っていきます。やらなければいけないことばかりがあって、自分の時間をなかなか持てません。習い事ばかりで大人より忙しい小学生もいます。

社会人になってもそれは続きます。朝決まった時間に起きて、満員電車に乗って、毎日同じオフィスに行く。昨日片づけられなかった仕事が山積みで、それをやっている間に昼休憩。いつもの定食屋さんでランチを食べて、ちょっとゆっくりしたらまた午後の仕事。仕事が終われば家に帰ってお風呂に入って、食事をしたらすぐに寝る時間。やっと週末になって、好きなことをしようと思うけれど、仕事の疲れを取ることが最優先――。

これはかなりネガティブな見方かもしれませんが、みなさん近い部分があるのではないでしょうか。みんな**自分で自分の行動を決めているようでいて、ほとんどは「や**

らなければいけないこと」「他人に決められていること」をしているのです。

人間は、本来自由な生き物です。もちろん働かなくてもいいというわけではありませんが、どんな仕事をするか、どんなライフスタイルを送るかは、自分で選んでいいのではないでしょうか。

土日を待ちわびる生活でいいのか

朝起きて会社に行って、あくびをしながら働き始める。あと2時間で昼休憩、あと1時間、あと30分……。やっとお昼ご飯！　でもすぐに戻らなきゃいけない。そして今度は終業まであと何時間……。そうしてしょっちゅう時計を見ながら働く毎日。

1週間のサイクルでいえば、月曜から金曜まで、ずっと週末を待ちわびながら働く。やっと土曜日になったけれど、明後日にはまた働かなきゃいけない。いちばん楽しいのが金曜の夜で、日曜になったらもう明日からの仕事のことを考えてしまう。

考えてみるともったいないことです。**どうせなら仕事の後の時間や土日をしっかり**

と楽しみたい。

そこで違う視点が持てる人もいます。あと2時間頑張って、前から気になっていたあのお店でランチをしよう。明日からまた仕事だけど、5日働けばまた土日が来る。とりあえず今日は仕事のことを忘れて遊ぼう。

そうした精神的な調整みたいなことをしながら、みんな働いているのだと思います。でも、それを器用にできない人もいますし、上手な人も、いつだってできるわけではありません。

勤務時間に通勤時間を加えて、さらに睡眠時間を考えれば、1日のうちのほとんどは仕事です。自由な時間なんて、1日トータルで3時間もないという人のほうが多いと思います。その上で1週間のうち5日は仕事。つまり**人生の大半は仕事**なのです。

僕は27歳で脱サラしました。それまでは、やっぱり平日より土日のほうが楽しかった。週末の2日間のために、ほかの5日間働いている。これがこの先30年以上も続くのだと考えると、どうしようもなく受け入れられませんでした。**なんとか平日の5日**

も楽しくする方法はないかと考えたとき、経営者の人たちがいちばん楽しそうに見えたのです。

いちばんの幸せは「自由」

昼間から餃子とビール

僕が起業したいという気持ちをいちばん強く持ったのは、当時の彼女と一緒に、**昼間からビールを飲んだとき**でした。有給を取って、たまには平日の昼間からビールを飲んでやろうと、少し高級な焼肉屋に行きました。そんなことをしている人はなかなかいないだろうから、気分が良いだろうと思ったわけです。

そのときのビールは本当に美味しかった。イヤな言い方ですが、窓の外で働いている人たちを横目に飲むビールは最高です。

でも、周りのお客さんを見ると、同じようにビールを飲んでいる人がたくさんいました。僕にとっては特別なことでしたが、彼らは特別珍しいことをしているようには見えない。とても自然な感じです。

話している内容などから想像するに、恐らく経営者の人たちです。彼らを見て、「本当にうらやましい！　自分だっていまの生活を抜け出すぞ！」と思ったのです。


会社員であれば、平日は家と会社の往復だけだという人も多いと思います。特別な用事がなければ、有給を取ることも少ないのではないでしょうか。たまには用事もなく有給を、難しければ半休でもいいので取って、昼からビールを飲んでみてください。高級なお店ではなくても、餃子とビールでいい。結構な幸福を感じます。

会社で仕事ばかりしていて、「たまにはこんなことできたらな」と想像すること。端的にいえば「ビール飲んで昼寝」ではないでしょうか。

もちろんお酒を飲めない人もいます。大事なのはビールを飲むということではなくて、**「こんなことやれたらいいな」をちょっとだけやってみる**こと。映画に行ってみるとか、日帰り観光をしてみるのでもいいと思います。

脱サラとまではいかなくても、半年に1回そういう日をつくってみる。それだけでも自由を感じられるはずです。

そのときに大事なのは、**「こんなことやっていていいのか」と考えない**ことです。他人からどう見られても、自分が楽しければＯＫです。その「やっちゃいけないことをやっている感じ」が良いのかもしれません。本当は月曜の昼間からビールなんて飲んでちゃいけないのに、飲んじゃっている。餃子だけのつもりが、唐揚げも頼んじゃう。みんなが働いているのに、自分だけ遊んじゃってる。だから幸せなのではないでしょうか。

束縛から解放される喜び

こうしたことを、みんな「できない」と言いますが、そんなに難しいことではないように思います。仕事が滞ってしまうということもあるかもしれませんが、半年に1回の有給も難しいほどでしょうか。

どちらかというと、仕事が忙しいから、あるいは会社や上司が許してくれないから、ということより、自分が罪悪感や抵抗感を覚えるから、ということのほうが多いように思います。

有給は、すべての会社員に許された権利です。それでも理由が必要なら、「昼からビールを飲むため」で十分です。もちろん、会社への届けにそうは書けませんが、誰にだってそれくらいの自由は許されるべきです。

人にとってのいちばんの幸せは、自由であることではないでしょうか。「今日はやること少ないな」と思っていたら、上司から急に「今日はもう帰っていいよ」と言われる。すごく楽しいですよね。何でもできる、何をしてもいい。いまそれを想像して、何をするのかを考えることすら楽しいのではないでしょうか。

普段縛り付けられているからこそ、より強く自由を楽しく感じるのかもしれません。例として適切かどうかわかりませんが、離婚した人の話を聞くことがよくあります。20年間結婚生活を送ってきた。いろいろなことを我慢し続けてきた。それがある日、旦那から解放された。それからの生活が自由で最高。毎日が楽しい。そういう人はたくさんいます。

脱サラも同じだと思います。社会に出て、いきなり自由に働ける人は少ないですよね。みんな不自由で、ひと時ではあっても、そこから解放されることで大きな自由を感じる。

何も、これから先二度と仕事をしないというわけではありません。**これからも、何年、何十年と働いていくことに変わりはない**わけです。その途中でちょっとくらい寄り道をしてみてもいいのではないでしょうか。

脱サラの不安は思い込み

お金は案外どうにかなる

脱サラを考えたとき、第一に不安に感じるのは、やっぱりお金のことだと思います。会社を辞めて、いまと同じ給料を稼げるのか。そもそも次の仕事が見つかるのか。あるいは世間体が気になるという人もいると思います。無職になることを恥ずかしいと感じたり、転職回数が多くなることに引け目を感じてしまったり。

でも、そうした**不安は、実は自分が思い込んでしまっているだけ**だという部分があります。

まず**お金の面で考えれば、脱サラは全然難しいことではない**と思います。

会社を辞めても、雇用保険からしっかりと失業手当が給付されます。自己都合で退職する場合、手続きから4カ月ほど待たなければいけませんが、だいたいそれまでの月収の70パーセント程度の金額がもらえます。さらに、早い段階で次の仕事を見つけた場合は、再就職手当ももらえます（失業手当や再就職手当には受給条件や給付率などの細かな規定がありますので、実際に受けられる際は事前に調べてください）。

その上で、無職の間は国民健康保険や国民年金の減額、免除を受けられます。毎日の通勤費は必要なくなるし、自炊すれば食費を抑えることもできる。あとはそれまで毎週飲みに行っていたのを少し抑えてみるとか、服を買うのを我慢するといった程度で、**会社員の頃とそんなに変わらない生活を送れる**はずです。

少しの間収入は落ちるかもしれません。それでも生涯収入で考えれば、1パーセント減にもならないでしょう。その後に転職や独立してうまくいけば、すぐに取り返せるし、もっと稼げるようになります。

とりあえず脱サラをして、失業手当をもらいながら将来のことを考えるということでもいいと思います。転職できればまた給料も入ってくるし、貯金がある程度あれば、なお安心です。もっといえば、実家に帰ってもいいし、友達の家を泊まり歩いてもいい。日雇いのバイトだってたくさんあります。

僕ももし起業に失敗したら、実家に帰ろうと思っていました。仮に一文無しになっても、家に帰れば少なくともご飯は食べられる。

もちろんそれはイヤだったので、絶対に実家は頼らないと思っていましたし、結果的に親に迷惑を掛けることはありませんでしたが、それくらいの気持ちで考えてもいいのだと思います。

動いている人を見てバカだと思うか

会社員の人たちが怖がるのは、お金のことよりも、履歴書の行数が増えてしまうことなのかもしれません。でも**いまの時代、それをメリットとしていくこともできます**。

昔みたいに、新卒で企業に入って、定年まで働き続ける、給料はだんだんと上がっていき、最後は退職金がもらえて自由な老後。そうした人生設計はもう絵空事でしかなくなっています。終身雇用、年功序列の制度が崩壊するといわれるようになってから、もう何年経ったでしょうか。

むしろ、ひとつの会社にいることのほうがよっぽど危険性が高い。ずっと同じ仕事をしていて、ある日突然リストラに遭ったらどうすればいいでしょうか。まだ若ければどうにかなるでしょうが、ベテランと呼ばれるような年になってからでは、それまでと同水準の仕事に就《つ》くことは難しくなってしまいます。

そうした変化を受けて、社会全体に、いろいろなことを経験したほうがいいという雰囲気ができているように思います。仕事に限らず、「ずっと同じ」とか「安定」というものに価値を感じる人が少なくなっているのです。

例えば、家や車です。昔はステータスのひとつで、マイホームを買うことがサラリーマンの夢でした。でもいま、自分の周りを見ていかがでしょうか。賃貸のほうが気軽だし、リスクも少ない。生活の変化に合わせて最適な所に住めるというメリットのほうを大事にする人は増えてきています。車にしても、必要なときだけ使えるカーシェアリングの市場が伸びてきています。

人々の「キャリア」に対する意識も少しずつ変わってきているように感じます。**いろいろなことを経験している人を、むしろ素晴らしいと評価するようになってきている**。

世の中には、社会的地位などどうでもよくて、無職であることを誇りに思っている人すらいます。

いまの仕事を続けていていいのかわからない。だからいったんやめて、1年間くらい海外を旅してみた。確かにお金は減ったけど、世界のいろいろな国を見られてとても面白かったし、勉強になったよ。これから自分が本当にやりたいことを探すんだ。

そんなことを言う人を、うらやましいと思うことはあっても、バカにする人は少ないと思います。

自分が脱サラしようかどうかで答えが見つからない。そうしたときは、友達が脱サラしたら、うらやましいと思うかどうかで考えてみてください。**人は変化することに不安や恐怖を感じて、間違いだと思いがち**です。でも第三者を見るときには、その否定的な理由が邪魔をしません。そこから見える答えのほうが、正しいと言えるのではないでしょうか。

やってみれば怖くない

いま働いている会社を辞める。そのことを必要以上に、自分で勝手にマイナス価値化している人がたくさんいます。

例えば、自分が抜けたら同僚や上司に迷惑を掛けてしまうと考える。でも、はっきり言って、仕事は誰が抜けても回ります。会社というものはそのようにできているのです。逆にいえば、特定の社員が抜けただけで支障をきたす会社のほうに問題があります。

先ほどの話のように、いまや転職や独立は当たり前のことになっています。ずっとひとつの会社で働くことのほうが危ない。

そうしたことは、100人いたら99人までが理解できると思います。他人のことであれば、同じことを言うはずです。なのに、なぜ自分のことになるとハードルが高いのでしょうか。

お金のことや世間体もありますが、ほかに大きな理由があるのだと思います。

それは**やっぱり怖いから**です。やってみたことがないこと、知らないことに飛び込むのが怖い。

いまの会社で働いていて、満足度が50点だとします。脱サラしてフリーランスでやれば、100点を取れるかもしれないけれど、それが怖い。だから現状にプラスの理由を付けて80点にする。そうして「80点取れていれば、まあいいか」と妥協してしまうのではないでしょうか。

怖がっていたことでも、実際にやってみたらそうでもなかったということは多いと思います。僕は注射が大嫌いで、病院に向かっているときなんて、もう本当にイヤです。でも終わってみれば、そんなに怖がるものでもないなと感じます。

どんなことでもそうです。初めていくお店、人生初の海外旅行。ちょっとの不安があるけれど、飛び込んでみれば楽しめます。

小さなことからで大丈夫です。僕は高い所があまり好きではありませんが、富士急ハイランドに誘われたら行ってみます。辛過ぎる料理は苦手ですが、勧められたら食べてみます。そんな**小さな恐怖の克服が、人生の選択という場面にも、必ず生きてきます**。

そんなことと仕事を一緒にするなと思うかもしれませんが、そもそもいま働いている会社も、最初は初めてだったわけです。

脱サラも、結局は同じです。「次の仕事が見つからない」とか「いまより良い会社なんてない」というのは、少なからず思い込みの部分がある。何が怖いのか、なぜなのか、といったことまで考えずに、「脱サラしたらお金に困る！」「無職は格好悪い！」という表面上の不安から、抜け出すことができない人が多いのではないでしょうか。

疑似脱サラ体験

辞表を書いてみる

僕は脱サラする前、**辞表を書いてメールの保存ボックスに入れていました**。いつでも上司へ送れるように。

そうすることによって、「脱サラ」という選択が軽くなります。実際に辞表を出していなくても、「いつでも辞められるぞ！」「いざとなったらこれを！」と楽に考えられるようになる。お守りみたいな感覚でした。

ほかにも、転職サイトに会員登録してみるとか、会社説明会に行ってみるということでもいいと思います。

いまはネットを調べれば転職サイトが山ほど見つかります。こんな仕事があったんだ、ということもあれば、これなら自分でもいけるな、と思える求人があるはずです。そこで自分には、自分で思っている以上に転職市場での価値があるんだな、と思える人もいるでしょう。

行動には出なくても、そうした**疑似体験というか、新しい方向へ自分を向けてみることが、第一歩**になります。

いろいろと調べた結果、脱サラしないということでもいいのです。いままで自分を縛っていたものから、少しだけ解き放たれてみる。自分はあっち側に行くこともできるんだと知る。それだけでも、考え方は大きく変わるはずです。

脱サラ友達をつくる

脱サラに対する恐怖心が強い人は、「脱サラ友達」をつくるという方法もあります。

「赤信号、みんなで渡れば……」ではないですが、ひとりだから怖いということもあります。

みんなで集まったときに、「脱サラしようかなと考えているんだけど」と話してみる。案外、「俺も俺も！」と盛り上がるかもしれません。「脱サラ友達」と書いてしまうと足を引っ張り合っているように思えますが、見方を変えれば目的を共有する同志です。「あいつがやるなら俺も」という気持ちになれるのではないでしょうか。

あるいは、脱サラ経験のある人の話を聞く。会社の中を探してもいないかもしれませんが、世の中には山ほどいます。異業種交流会に行ってみるとか、セミナーに行ってみるとか。よく考えれば、友達の中にいるということもあるでしょう。

みんなそれぞれに考えて脱サラしています。「自分と同じことに迷ったり悩んだりしていたんだな」ということがわかれば不安が和らぎます。「だったら俺も大丈夫」という自信も出てくる。

それに、やっぱり**先輩のアドバイスは有益**です。「仕事を辞める前にこうしておけばよかった」あるいは「あのときに迷わず決断したから、その後の成功があった」という話も聞けるでしょう。

そして何より、みんな自分の決断を誇らしげに語ってくれます。僕はいままでに「あのとき会社を辞めなければよかった」という人に会ったことがありません。

繰り返しますが、だからといってすぐに脱サラをしなければいけないと言いたいわけではありません。もしかしたら自分には、違う可能性もあるのかもしれない。それを探さないまま人生の大事な時間を消費していくのは、とてももったいないことなのではないでしょうか。

脱サラ後にどうするか

働くか、働かないか

では、脱サラしてその先どうするのか。読者のみなさんが迷うのも、そこだと思います。

大きく分けると二つしかありません。**働くか、働かないか**です。

もちろん、ずっと働かないわけにはいきません。それで一生生きていくことができる人は稀《まれ》でしょう。親が資産家とか、すでにたくさんの不動産を持っているとか。そもそも、そうした人は脱サラするかどうかを迷わないですよね。

でも、ある程度の期間働かないでいるという選択肢はあります。どの選択肢へも進めなかった結果としての「無職」ではなく、無職ということを、ひとつの選択肢として考えるのです。

自己投資として英語の勉強をする、海外留学をする、いままでとは別の職種に就きたいから、そのための学校に通う。

中には、「とりあえず遊ぶ」という人もいるかもしれません。

この10年頑張ったな。貯金が100万円あるから、とりあえず3カ月くらいパーッと遊ぶよ。行きたい所に行って、酒を飲みまくるんだ。その後に、これからの人生を考えよう。お金がなくなったら日雇いのバイトでもするよ。

それだって、立派な決断のひとつだと思います。むしろ、**「とりあえず遊ぶ」と言える人がいちばん成功しやすい**のかもしれません。そんな人が実際に何か始めたらすごい結果を出すのではないでしょうか。

フリーランスがスタンダードになる

これからも働くと考えるのであれば、まず検討するのは転職でしょう。同業他社を探してもいいですし、新しい世界に飛び込んでみるのもいい。いまより良い会社に入れるように、自分のやりたい仕事ができるように、転職活動に励む。多くの人が選ぶ選択肢だと思います。

一方で、「会社員はもうイヤだな」と思う人は起業を選ぶこともあるでしょう。「起業なんて危ない」「自分で会社を経営するような知識やお金はない」と思われるかもしれませんが、いま、**起業のハードルは限りなく低くなっています**。この点については、第5章で改めてお話しします。

それでも、「いきなり起業というのはちょっと……」と思う人は、ひとまずはフリーランスという選択肢があります。あるいは人との付き合いが苦手とか、ひとりで気軽にやりたいから、ということでフリーランスを選ぶ人もいます。

フリーランスで働くということに対して、いままでの価値観では「収入が安定しない」「頼りなく思われる」といった、どちらかというとマイナスのイメージがあったかと思います。その中で継続的に稼ぐことができる人は、一部の優秀な人だけというような。

でもいまでは、個人で働くということが、社会人にとっての強みにもなっています。会社員のように、ひとつの収入源に頼るということはかえって危険です。

いろいろな相手先から収入を得ることは、リスク分散にもなります。会社にとっても人件費が固定されないというメリットがあります。人材不足で変化の激しい時代、人材の流動性はどんどん高まっていきます。**フリーランスという働き方が、これからの時代のスタンダードになる**のかもしれません。

もちろん、いまの会社でそのまま働くということだっていいと思います。

転職や独立といった選択肢を検討して、ちゃんと考えた上でいまがいちばんいいと判断する。それだってひとつの成功ではないでしょうか。

それぞれの選択肢をどう選べばいいのか、そこでどんな考え方や準備が必要なのかは、第5章で詳しくご提案していきます。第2章から第4章までは、自分にはどれがいちばん合っているのだろうと考えながら、読み進めてほしいと思います。

大前提にあるのが、これらの選択肢のどれもが正解だということです。大切なのは、自分自身で選ぶこと。この社会において、僕たちが選ぶことのできる道は、自分で考えている以上に用意されているのです。

第2章

そもそも安定なんてない

自分の未来が見えるという恐怖

一瞬で崩れ去った「当たり前」

僕が14歳の頃、両親が離婚しました。

ある日突然、母親から「あなたとお兄ちゃん、どっちがお父さんでどっちがお母さんに付いていくか決めて」と言われたのです。

父は自宅の1階で写真館をやっていて、七五三の記念写真や学校行事の撮影をするカメラマンでした。誠実な仕事ぶりで、地元の人たちにも信頼されていました。それほど儲かっていたわけではないと思いますが、すごく自由で楽しそうでした。

2階のソファーで小説を読んでいて、お店で「ピンポン」と鳴れば下りていく。お客さんが帰ったらまた小説を読む。一日の営業時間は4時間くらいで、毎日ビールを飲んでいるし、スーツも着ていない。「いいな、楽しそうだな」と思っていました。

一方の母は、息子から見ても美人。実家は漁業を営みながら土地も持っていて、祖父が始めた不動産投資や株式運用がうまくいっていたようです。いわゆる投資家としてお金を稼いでいました。

そうした違いが、もしかしたら2人の間に溝を作っていたのかもしれません。でも、僕たち家族は決して仲が悪いわけではありませんでした。母の告白は本当に突然のことで、昨日まで、いや、母親が話を始めるその瞬間まで当たり前だった「家庭」というものが、一瞬で崩れ去ったように感じました。

そのときに僕は、混乱した頭で号泣しながらも、「ずっと変わらないものなんて世の中にないんだな」と感じていました。そうした経験が、脱サラや起業の根本にあるのかもしれません。次第に、**「みんなが言う〝安定〟って何だろう。そんなもの、そもそもないのに」**と考えるようになりました。

いまの仕事にワクワクするか

人はみんな、先が見えないことに不安を感じます。

将来の安定のために、大学受験を頑張って、なるべく良い大学に入る。良い会社に入るために就職活動する。高い倍率の入社試験をパスして、願った通りの有名企業に入る。10年先、20年先の生活が保障されていて、その先にある老後までイメージできる。

その**決まりきった道筋から外れることに、危機感を覚える**わけです。

僕の場合は、まったく逆でした。本に書くための飾った言葉ではなく、本当に、先が見えないということに不安なんか感じません。もっといえば、安定を求めるということに、自分の周りの状況がずっと変わらずあるのだと信じることに、大きな危機感があります。

自分の行く末が見えていることが安心で、それを目指すことが世の中のスタンダー

ドになっているけれど、その通りにはいかないということを強く言いたい。

前章でお話ししたような社会的背景もありますが、仮に自分が定年までずっと同じ会社で働けるとして、なぜみんなそのことを恐怖に感じないのか不思議です。

僕は名門と言われる大学に入り、難関の公認会計士試験に合格しました。日本四大監査法人と呼ばれる会社のひとつに就職。やっぱり会社は安定していて、リストラもないし、周囲に比べれば高い給料をもらえます。

それが幸せだと思っていました。でもそこにワクワク感とか、期待感はまったくありませんでした。言ってしまえば、数年先も、数十年先も、ずっと同じことしかできない。このままこの仕事を続けていくということが、ひとつの会社に勤め続けるということが、どれだけ怖いことかと感じたのです。

どんな会社に働いていても、**先が見えているのであれば、ワクワクしない**はずです。どうなるかわからないからこそ頑張ろうと思う。その意識がなければ、自分の成長はないのではないでしょうか。

多くの人が、安定が大事だと言う。それは確かに正しいように見えるけれど、安定していることが幸せかと考えれば違います。**先が見えるということは、とてつもなく大きな恐怖**である。この本を読んでいる人には、それをわかってほしいと思います。

最初に正解を選べるはずがない

僕は、高学歴志向、大企業志向自体が悪いことだとは思いません。東京大学に入りたい、一部上場企業に入りたい。そうした目標を叶えることや、何よりもその努力の過程はとても素晴らしいことです。

でも、そうして大学や会社に入った後、現在進行形でやりたいことや熱中できることがある人は少ないのではないでしょうか。どんな場所でも、入ってみればみんなそれなりに不満を持つようになる。でもほかの会社と比べると条件は良いから、続けていく。そうした側面もあるのではないでしょうか。

そもそも、成人したばかりで**社会人経験もないときに選んだ会社が、自分にとって**

のベストである可能性のほうが低いと思います。

例えばテレビを買うとします。ひとつのお店を見て即決するよりも、いろいろなお店に行って、たくさんの商品を見比べたほうが絶対に良いものを選べます。結婚だって、初恋の相手と結ばれてそのまま一生幸せに暮らすという夫婦は少ないでしょう。

そう言えば誰もが納得するはずなのに、なぜか職業だけは、ひとつのことをずっと続けることが良しとされてしまいます。

少なくとも20代の頃は、どんどん挑戦してどんどん失敗すればいい。ボロボロになってもいい。仮に借金を背負って職場を転々としている人がいても、そんなに駄目な人間だとは思いません。30代後半、40代になってもそうだというのなら考えものですが、20代は、自分がどこに向かって進むのか、人生の大枠を決める時期です。

単純にいえば、大学を卒業してから10年間同じ会社で働いている人よりも、10社で1年間ずつ働いた経験を持つ人のほうが、30代で良い働き方ができると思います。いろいろな所を見ていれば、「自分はここだな」とわかるし、できることの幅も広がっていく。その中で、より深めていけることを探せばいいのです。

いろいろなことをできる人が強い

同じ曲ばかりの歌手が売れるか

前章で少し触れましたが、これからの時代のお金の稼ぎ方として、いろいろなことに手を出すほうが、メリットが大きい。これは間違いなく言えます。

例えば、ずっと同じ曲ばかり歌っている歌手がいたとしたらどうでしょうか。ひとつのヒット曲に満足するのではなく、より良い曲を、もっと共感を呼ぶ歌詞を、と作っていく。アップテンポな曲も歌えばバラードも歌う。ほかの歌手のプロデュースをするアーティストもいます。そうして結果的に、自分のポジションを維持できるわけです。

ジャニーズの人たちは、本業の歌やダンスだけではなく、ドラマに出たり、バラエティに出たり、雑誌に出たりします。最近は本を書く人もいます。それら全体を包括したイメージとして、僕たちは「ジャニーズ」というグループを認識しています。だからこそ老若男女を問わず、幅広い層の人たちに受けるわけです。

企業で考えても、例えばエイベックスはもともとレコード会社ですが、いまでは音楽の会社なのか、アニメ制作会社なのか、芸能事務所なのかわかりません。通信事業として世の中に認知されていたソフトバンクは、ＡＩやロボット分野、球団の経営、配車サービスなど手広く事業を展開しています。

同じように、**会社員個人もどんどん新しいことをやっていかないと、置いていかれる**時代です。仮にひとつの会社でずっと働くとしても、同じ業務だけを続けるのは難しいでしょう。部署異動もありますし、これからはテクノロジーの進化によって、単純作業や接客業務などはどんどん効率化されていきます。

そこで必要とされるのは、より広い視野で物事を見ることのできる人材です。**ひと**

つのことで１００点を取るよりも、いろいろな科目で70点を取れる人のほうが強い。感覚的な表現になりますが、すでに70点を取っていることで、１００点を取るのは難しいのではないでしょうか。それに比べて、やったことのないことで70点を取るのは簡単です。

もちろん目玉商品はあってもいい。例えば吉野家の牛丼がそれです。でも実際に吉野家に行くと、定食なども揃っています。「牛丼といえば吉野家」という世間的な認知がある上で、その周辺にも魅力がある。だから毎日でも行く人がいるわけです。

本業を深めていくことも大事ですが、できるだけ他分野の知識や技術を身に付けることが、自分の価値を高めていくのです。

情報過多、選択過多の社会

いままでは特化型でも成功することができました。なぜなら、**人々が触れることのできる情報量が少なかった**からです。

例えばある町に美味しいラーメン屋があったとします。本当はほかの町に行けばもっと美味しいラーメン屋があるはずですが、よほどのラーメン好きでもない限り、自分の知らない情報を調べてまで、ほかの店に行こうとはしません。

何かの分野で秀でることができれば、しばらくはその業界で利益を得ることができていたわけです。

それがいまはインターネットの進化によって、情報過多になっています。

詳しく調べなくても、美味しいラーメン屋さんがあるかな、と検索すれば、すぐに出てくる。自分が知らないだけで、実は駅の裏側にあったりする。実際に行ってみると、いつものお店より美味しい。すると当然、以前行っていたお店からは足が遠のきます。

それに、**商品やサービスを提供する側にも情報は多く集まります**。一度美味しいラーメンが世の中に知られれば、その分析や真似をする人はすぐに出てきます。そうした情報は瞬時にインターネットで共有されます。誰もが見放題です。

結果的に、新しい商品やサービスは、すぐに標準化されていきます。そうしてライバルが、それも高いレベルの競合相手がとても多くなっていきます。昔はある程度美味しいラーメンであれば商売できたのに、その中でもよりレベルの高いものを提供しなければお客さんは来てくれなくなってしまいます。

こうした世の中を**消費者側から見れば、選択過剰の社会**です。選択肢が多過ぎて、どれを選んでも大差がない。美味しいラーメン屋がたくさんある中で一度選んでもらっても、人の目はすぐに新しい方向へ向いてしまいます。常に新しいものを出し続けていかなければ、勝てない時代なのです。

間接的な要素が価値になる

選択過剰の社会の中では、仮にいちばん良いものを作ったとしても、それが世の中に受け入れられるかどうかはわかりません。そもそも、何をもって「いちばん」と言えるのかも曖昧《あいまい》です。

いまはむしろ、**良さそうに見せることのほうが大事**だとも言えます。流行《はや》りの言葉でいうと、「映《ば》える」。一時の流行語にも思えますが、いまの社会で求められるものを象徴している表現だと思います。

商品やサービス自体の質も大事ですが、それはすでに最低条件になっています。その上で必要なのは周辺の要素、間接的な部分です。

例えば車の販売です。直接的な意味でいえば、売るために必要なのは、まずは車の質です。でも、各メーカーの車を見ても、そこに大きな差はありません。

販売員個人で考えれば、求められるのは車の知識です。

本来販売員は、お客さんにその知識をしっかりと伝えることができれば100点のはずです。でもいまは、「車についてめちゃくちゃ詳しいんです!」と言っても、それはそうだろうと、お客さんは魅力を感じてくれません。どの販売員も同じことを言うだろうと、お客さんはわかっているからです。

いままでは100点だった人が、80点、70点に見られてしまうわけです。それをちゃんと100点に見せるために必要とされるのは、**間接的な付加価値**です。**いま世の中にある商品やサービスは、どれもある程度完成されていて、同じレベルのものが揃っています**。その中でどれを選ぶかの基準は、どちらが何円安いといったことだけではありません。意外と別の要素で判断しています。

ある車の販売店は、昔ながらのショールーム。車のほかには商談のためのテーブルとイスが並べられているくらいで、特に目新しさはない。

またあるお店は、オシャレなカフェ風のつくりで、ドリンクがサービスされる。その車を買った後のライフスタイルをイメージさせる映像が流されていて、疑似運転体験のシステムがある。

この二つのお店のどちらが購買意欲を高めるでしょうか。

販売員で考えても、一見車とは関係のないものが決め手になったりします。例えばお客さんが、自分の趣味について販売員と楽しく話すことができたら、車にプラスアルファの価値を得られるわけです。単純に話し上手とか、愛想が良いということも立派な付加価値です。

どんなことが相手にとっての付加価値になるかわかりません。だからこそ、いろいろなことに手を出して、幅広い知識や技術を持つことが必要とされているのです。

行動から自分の幅を広げていく

「ずっと同じ」では複数の基準を持てない

みんなどこかで、ずっと同じことをやり続けることに疑問を持っていると思います。「この仕事をずっとやっていたいんだよね」と言える人は幸せですが、そうした人はこの本を読んでいないでしょう。みんなどこかで「これをやらなきゃいけない」とか、「新しいことをやろうにもわからない」というように、受動的、消極的に続けているのではないでしょうか。

それはやっぱり、**普段から新しいことをやり慣れていない**からです。いつも同じ行動、いつも同じ考え方だから、別の視点を持てません。行動や思考の基準がずっと続けてきた狭いものの中にしかなくて、複数の基準を持てない。

だからいまとは違う生き方を探そうとしなくなってしまいます。探してはみても、自分の知っている所を見るだけで、その外側に目を向けようとしません。当然、見つけることができません。仮に見つけても、そこへ行く方法を知らないから無理だと考えてしまいます。**本当はすごく簡単なやり方があるかもしれないのに**。

そうして何かやりたい、この会社のままでは駄目だと考えながらも、毎日の仕事に追われているうちに、時間が経ってしまいます。それが悪いことだとは言いませんが、思い当たるところのある人も多いのではないでしょうか。

小さなことからやってみる

まずは小さな一歩からです。**意識的に自分の知らないものに触れてみましょう**。

僕は普段からいろいろなことをしてみるようにしています。知らないジャンルの本を読んだり、新しい映画を見たり、食事する店を変えたり、飲んだことのないお酒を飲んでみたり。

これを話すと驚かれることもあるのですが、少し時間があれば、家に帰ってシャワーを浴びて着替えるようにしています。カバンも1日に2、3回は変えます。

会社員の頃は、特に引っ越す予定もないのに、マンションの内見巡りをしていました。住んでみたい所を探して、週末に行ってみる。

高級マンションに住んでいるのはどんな人なんだろう、どんな部屋なんだろうと思って実際に見てみると、やっぱり住みたくなります。でもいまの給料では無理。じゃあどうすれば住めるようになるかなと考えます。そうして起業の勉強を始めたというような効果もありました。


引っ越しや旅行もいいと思います。周りの環境が大きく変わるので、新しいことに出会えるチャンスが増えます。

あるいはもっと日常的なことで、普段通る道を変えてみる。毎日の生活の中で歩く道は、だいたい決まっています。家から同じ道を歩いて駅に行って、同じ道で帰ってくる。それを少し変えてみるだけでも、変化があります。普段出会わない人と出会えるでしょうし、知らないお店を見つけることもあるかもしれません。

いかに自分を変えていくか、目的地へ連れて行くかという意味で、**精神的な移動と距離的な移動はリンクしている**ように思います。目的地への行き方はたくさんあるし、寄り道したって遠回りしたっていい。もちろん近道も見つかるかもしれません。

最初は無理やりでいい

人間は変化を嫌う生き物です。**最初は無理やりでいい**と思います。

行動から入っていくことで、自然と考え方も変わっていきます。いままではチャレンジできなかったことでも、やれるかもしれないと思えるようになる。そうした変化は、想像以上に早く訪れます。

まずは自分の好きなこと、**興味を持てることから始めてみましょう**。お酒が好きなら、毎日違う銘柄のビールを飲むとか、スイーツが好きなら毎日違う店のお菓子を買ってみるとか。だんだんと、いろいろなものに触れることが自然になって、いつも同じということに違和感を覚えるようになってきます。

僕の場合、最近筋トレに熱中しているので、その周辺の分野に興味があります。筋肉をつけるだけではなく、やっぱり健康にも気を使うようになるので、運動だけではなく、睡眠や食事にも関心を持ちます。

事業をやっていれば、お金関係、投資関係にも興味が出てきます。昔音楽をやっていたから音楽も好きだし、ファッションも気になります。

興味があるなと思ったら、そこで終わるのではなくて、できるだけやってみる。**「こんなことやって意味があるのかな」なんて考えてはいけません**。自分の興味に忠実に、素直に動いてみる。そうしているうちに、自分の興味の幅も自然と広がっていきます。

何をしたいかは人が教えてくれる

世の中には本当にいろいろな人がいる

自分の知らないものに触れるという点で、**いちばん大切で、最も効果があるのが、人に会うこと**です。

僕は大学を卒業して会社員になって、このまま同じ仕事を続けるのはイヤだなと思いました。でも、じゃあ自分は何がしたいのかと考えてもわかりませんでした。どんな自分になりたいか、どんな人生を送りたいのかがわからなかったのです。

自分でわからないのなら、人に聞こうと思いました。でも、当時の僕の知り合いというと、中学、高校、大学の同級生、予備校時代の友人、会社の人たちや取引先の人くらい。そんなに知り合いが多いわけではありません。もともと自分と似た属性の人たちですし、知り合いであれば気を使って本当のことを言ってくれなかったり、真剣に話をしてくれなかったりすることもあります。

この東京には、ほかにもたくさんの人がいるはず。その中には、正解を教えてくれる人がいるかもしれない。

そこでとにかくたくさんの知らない人に会うようにしました。塾に行ったり、セミナーに行ったり、コミュニティに入ったり。

毎日知らない人に会って少しずつわかってきたのは、「世の中には、本当に、いろいろな人がいるんだなあ」という事実でした。言葉にしてしまえば単純ですが、これは自分にとって大きな気づきでした。やっぱり、**自分の知らない人たちと会うということは、視野を広げてくれる**のです。

定職についていなくて、これでも生きていけるんだ、という人もいれば、世の中には本当にこんなお金持ちが存在するんだ、という人もいました。その中でも楽しそうにしていたのは、やっぱり経営者の人たちでした。そうしてどんなビジネスがあるのか、どう勉強していけばいいのかを教えてもらいながら、自分の進む道が決まっていったのです。

「1年で5000人と会え」

起業してすぐの頃、ある先輩経営者に、「1年間で5000人と会え」と言われました。毎日休みなく続けたとしても、1日に13、14人に会わなければいけない計算になります。本当に達成できるのかな、と思いましたが、何はともあれやってみようと始めました。

仕事をしている10時から18時までは、なるべくいろいろな打ち合わせを入れたり、人を紹介してもらったり、異業種交流会に行ったり。夜は銀座や渋谷、新宿のバーに入って隣の人と話す。

そうして最初の1年間で、3500人くらいとLINEの友だちになりました。先輩の言った通りのスピードではありませんでしたが、結局2年間で5000人を達成しました。

僕にとって、いまでも「仕事＝人と会って話をすること」というイメージです。多い日では1日に20人くらいと会います。ＬＩＮＥの友だちは1万７０００人を超えました。

もちろん一人ひとりの顔と名前が一致するほど、相手のことを覚えているわけではありませんが、その総体としての存在に、**少しずつ軌道修正してもらっている**イメージです。何か自分でははっきりしない迷いが生まれたときや、油断してしまいそうなときに、彼ら彼女らが「そっちじゃないよ」と教えてくれる。

人と会うと、毎日新しい発見があります。本を読むより、ネット検索するより、よっぽど効率良く、生きた情報を得られます。

人から学ぶことは本当にたくさんあります。**自分で考えて、それでもわからないものがあるときに、見るべきは自分ではありません**。「自分探し」を自分だけでしていても、答えは出ないのです。

なぜ動けないのか

「やるしかない」とき

以前、結婚するために起業したいと相談に来た人がいました。

当時の彼の年収は、手取りで１８０万円。もともとは７００万円くらい稼いでいたけれど、友人に騙《だま》されてしまいました。九州で飲食店のオーナーを任されて、始めてみると1日20時間労働で休みもほぼなし。それで月収は15万円です。

そうしている頃に彼女と出会って、ずっと支えてもらっている。そろそろ結婚したいけれど、さすがに年収１８０万円では厳しい。仕事を辞めるのは怖い部分もあるけれど、動けなければそのまま。結婚するためにはやるしかない。

それで起業しようと決意したそうです。いまは順調に会社経営をしていて、もちろん彼女と結婚しました。

必要に迫られて起業する人は結構います。**どうしたって、やるしかない。そうなると、人は動くことができます**。言い訳をする暇も、怖がっている時間もありません。そしていったん動き始めたら、立ち止まるわけにはいきません。「立ち止まること＝彼女を手離すこと」になるわけですから、必死でやり続けます。当然周囲と比べても成長は早くなります。

人は「やるしかない」という理由を持てるとき、やっぱり結果を引き寄せることができます。どれだけやれるかは、思いの強さと比例するのです。

やれる人とやれない人

一般的なイメージは別にして、起業家はそんなに頭の良い人ばかりではありません。学歴が高い人ばかりでもなくて、大学を中退している人もたくさんいます。むしろ有名企業で働いている会社員のほうが高学歴だったりしますし、実際に会っても、とても頭が良いなと思う人がたくさんいます。

でも、同時にもったいないないなと思います。**「別の会社で働けばもっと結果が出るのに」「起業したら絶対成功するはずなのに」**という人と出会うことが多い。

会社員時代、同僚や先輩たちには、本当に頭の良い人が多くいました。東大卒、京大卒がゴロゴロ。その中で出世していく人なんて、信じられない頭の回転速度をしています。僕が必死で計算しているのを横から見て、暗算で簡単に答えを出したりする。それを見て、僕は「ああ、こうはなれないな」と思いました。

入社した当初、同期や先輩たちの中で、起業したい、別の会社で働きたいという人はたくさんいました。でも実際にそこから抜け出せた人は、僕以外にいませんでした。

僕の元同僚たちと、先ほどの彼を比べてどうでしょうか。

同僚たちが脱サラしても、大手監査法人トーマツの元社員という肩書、お金や経営に対する知識、それに貯蓄も人よりは多くあるはずです。何よりそれまでのキャリアを考えれば、チャレンジして駄目でも、人並み以上の収入を得る仕事に戻ることは十分可能です。どう考えても、同僚たちのほうが、起業へのハードルは低いはずです。

でも、実際にはそうではありませんでした。

前章でもお話ししたように、動けない理由はいろいろあると思います。恵まれた環境だからこそ、いまの職場や収入を失いたくないという恐怖も大きいと思います。

でもそれは、起業してもうまくいくかどうかといった不安ではありません。具体的な恐怖を乗り越えられるかどうかということより、**自分の気持ちを固められないから、動けない**のです。

頭では怖いことはないとわかっていて、誰よりも起業に有利な立場にいるのに動けない。恐怖は最小限のはずなのに、目には見えないもの、「覚悟」「勇気」「希望」みたいなものを欲しがっている。

あるいは「自信」と呼ぶものかもしれません。「俺だったらできる」「最初は駄目でも、いずれ挽回できる」。そうした考え方ができないのだと思います。

変化することが当たり前の自分になれたら、そうした気持ちは必ず持てるようになります。覚悟や勇気なんて言葉を使う必要はありません。本当に、無理なく、自然に決断できるようになる。それを信じて一歩踏み出してみてほしいと思います。

早く始めれば早く結果が出る

結果を出す方法は二つ

昔、祖父にこんなことを言われたことがあります。

「結果を出す方法は二つしかない。ひとつは、みんながやっていることを、みんな以上にやること。もうひとつは、みんながやらないことをやることだ」

前者は安心感があります。みんな同じようにやっているので、不安がない。

でも、これはかなり大変です。例えば会社に同僚が100人いたとします。その中でいちばんになれるかといったら、まず無理です。人よりたくさん働いて、なおかつその質も良くなければいけません。

勉強でも同じです。センター試験のトップになるなんて、本当に夢物語です。仮にいちばんになれたとしても、油断をすればあっという間に抜かされてしまいます。

でも、ほかの人たちがやらないこと、みんなが怖がったり、不安を感じたりすることにチャレンジさえできれば、**周囲との実力差がそれほどなくても結果は出せます**。いわゆる「ニッチ」と呼ばれるビジネスを展開したり、ブルーオーシャンの市場を開拓したりするのは、まさにこのやり方です。ライバルが少ないから、結果を出しやすくなるわけです。

フリーランスや起業家の人たちの収入がなぜ高いのか。それは周りがしない選択をしているからです。それを見て「あんな仕事しかしていないのに、稼ぎやがって」というのは、単なる負け惜しみです。悔しいなら自分も独立すればいいのです。

やったことがないことは早くやれ

結果を出すためにどちらの方向を選ぶにしても、**大切なのは早く始めること**です。僕が人生で後悔していることがあるとすれば、受験勉強を始めるタイミングが遅かったことです。高校3年生まで、しっかりと勉強したことはありませんでした。18歳から受験勉強を始めて、大学に入るまで二浪しています。

20歳のとき、同級生のみんなは目標を持って大学や短大に通っていました。あるいはすでに就職している人もいました。自分ひとりだけが、不安定だ。そう思ったら、成人式に行けませんでした。いまでも心のどこかで、もっと早くスタートしておけばよかったと思っています。

どんなことでも、早く始めれば早く結果が出ます。みんなと同じ時期に始めれば、みんなと同じくらいの速さで結果が出る。出遅れれば、当然その分差を付けられてしまいます。

いま、「やったことがないこと」は、ほとんどが「早くやったほうがいいこと」です。それがうまくいくかどうかは問題ではありません。失敗を知ることも成長のひとつです。スタートしない限り、何も起こりません。早く始めることには何のリスクもないのです。

出遅れは悪いことじゃない

ここまでの話と矛盾するようですが、読者のみなさんが、もしいま自分が出遅れていると思ったとしても、そのことをネガティブに受け取る必要はありません。

僕にとって、**出遅れた経験はそれからの人生に確実に生きています**。受験勉強を始めてから大学合格までは、小学校から高校の12年間の出遅れを2年間で挽回するような時間でした。当然、それはとても難しいことでした。

大学に入ってから公認会計士試験を受けるわけですが、一般的に考えて、立命館大学に入学することより、公認会計士試験に合格することのほうが難しいと思います。

それでも、僕の実感としては、公認会計士試験のほうがはるかに簡単でした。

なぜそう感じるのかといえば、大学受験では出遅れていて、公認会計士試験では人より早くスタートしているからです。

僕は大学の入学式より前に、公認会計士試験の専門学校TACに入学を申し込みました。ほかの人は早くても1年生の9月くらいです。つまり、周囲より5カ月も早く勉強できます。周りが遅れて勉強を始めても、焦ることはありませんでした。

出遅れた経験から、すべてを早く始めようという意識を持つことができていました。脱サラも早く決断できたし、起業してからの選択も、とにかく早めに手を打つことができています。

読者のみなさんも、**出遅れたから、もうやめておこうとは考えないでください**。いまスタートすれば、少なくともまだ動いていない人に勝つことができます。**出遅れているという自覚が、より成長を加速させてくれます**。先行している人に追い付くことだってできる。

大事なのは、実年齢より精神年齢です。

同じ40歳でも、老け込んで見える人もいれば、若々しい人もいますよね。僕の53歳の知人は、とても若く見えます。仕事ではしっかりと実績を出し続けていますが、いつも嘘っぽいことを言っています。あるとき何歳かと聞いたら、「38歳」と答えていました。

大人になったら、普通はそんなこと言えなくなりそうなものです。言うとしても冗談半分でしょう。でも彼は真顔で言っている。そうした気持ちの持ち方が、やっぱり見た目や行動に表れるのだと思います。

挑戦と失敗を繰り返すことを恐れずに、何かあっても学びになる、結果的に将来が良くなればそれでいい、いまのうちだからできることだ、といつも思える。それが精神年齢が若いということではないでしょうか。

「まだやれる」と思えるのであれば、すぐに始めるべきです。僕は死ぬときに、「早めにやっておいてよかったな」と言いたい。もしかしたら明日死ぬかもしれません。

そのときに、**「もっとやっておけばよかったな」と後悔しながら死んでいくなんて、**

絶対にイヤなのです。

第3章

やりたいことなんてなくていい

職業は後で決めても大丈夫

選択肢は山ほどある

みなさんは、転職や独立をするとしたら、具体的にはどんな職業を選ぶでしょうか。ずっと憧れていた仕事にチャレンジするという人もいれば、それまでの仕事で磨いた実力で勝負するという人もいると思います。

一方で、「自分にはやりたいことなんてないよ」という人もいるかもしれません。「目標もないのに、中途半端な気持ちで始めたってうまくいかないんじゃないか」と不安を感じることもあるでしょう。転職や脱サラを考えたことがないというのは、こうした人が多いのではないでしょうか。

確かに転職や独立には、自分のやりたいことがあって、それを叶えるための手段だというイメージがあります。でも僕は、**「やりたいこと」はなくていい**と思います。現時点で特にやりたい仕事はないけれど、**このままがイヤだと思うなら動けばいい**。会社を辞めたい。それは何も間違った考え方ではありません。


前章でもお話ししたように、いまは情報過多、選択過剰の時代です。

例えば友達とごはんを食べる約束をするときに、どのお店でどんな料理を食べるかまで決めておくことは少ないのではないでしょうか。ＬＩＮＥで連絡を取り合って、とりあえず駅に集合。そこへ向かう電車の中で食べログを見たり、合流してから街を歩いたりして、なんとなくお店を決める。メニューを見て、美味しそうなものを注文する。そうしたことが多いと思います。

自分の仕事を決めるということも、同じでいいと思います。転職サイトを検索してみてください。こんな仕事もあるのかと、その種類と数の多さに驚くと思います。具体的にこれがしたいという仕事はなくても、世の中を見渡せば選択肢は山ほどあります。その中から自分に合う仕事を探せばいいのです。

やり方を知っている人も山ほどいる

いままで、専門的な知識や技術はその世界にいる人しか手に入れることはできませんでした。ラーメンの専門家はラーメン屋で働く人。そしてそのレベルを上げていくことが、仕事として道を極めるということでもあったのです。

でもいまは、先にもお話しした通り、**誰もが美味しいラーメンの作り方をすぐに知ることができます**。中にはプロより詳しくなって、自宅で作ってしまう人だっています。材料だってネットで簡単に買えます。

そして**みんな、教えたがり**です。自分が得た知識を人に話したい、広めたい。だからブログやＳＮＳが流行するわけです。

そうした社会で、自分が何かの仕事を選んだとき、そこに必要な情報はいくらでも集めることができます。どうすれば起業できるか、フリーランスとしてやっていくのに必要なことは何か、ということを教えてくれる人もたくさんいます。

例えばカフェを始めてみたいとします。どんな情報が必要でしょうか。コーヒー豆の仕入方法、淹《い》れ方、料理のレシピ、不動産情報、内装工事をしてくれる業者……。いろいろ考えられますが、すべてネットで調べられそうです。

自分がやりたいことは、後から決めても遅くはありません。その心配をするよりも、「動きたい」「いまを変えたい」という気持ちを大事にするべきなのです。

趣味の野球だって十分立派

例えば野球が好きだから、プロ野球選手になりたいと願う。子どもの頃から部活を頑張って、努力を重ねてやっとプロになれる。さらに努力を続けてホームラン王のタイトルを取る。

単純にいえば、**そうした道のりを格好良いとする価値観があって、それをなぞれないことを、「好きなことを仕事にできない」と表現する**わけです。

でも、プロでなければ野球をできないわけではありません。別の仕事で稼いだお金でグローブやバットを買って、休みの日に野球をする。野球を好きだというのであれば、それだって幸せなはずです。イチローになれなくても、松井になれなくても、野球を好きだということ自体が素晴らしいのです。

すべての仕事は社会貢献につながります。他人のために働きながら、つまり他人を幸せにしながら、自分の幸せを実現できる。そして家に帰れば家族がいるとしたらどうでしょう。自分の仕事で稼いだお金で、自分も、家族も、社会も幸せにできる。誰に対しても胸を張れる人生ではないでしょうか。何もマイナスに捉える必要はありません。

プロ野球選手になって、ホームランを打つことは限られた人にしかできないことです。でも、仕事を通して得たお金で、自分のやりたいことを自由にやる。そうして幸せになっていく。それは限られた人にだけ許されたことではないのです。

仕事を間接的に好きになる

仕事とは人がやりたくないことをやること

仕事とは、基本的に、人がやりたくないことの代行です。

食事を作る、レジを打つ、クリーニングをする。その行為自体をやりたいという人はいないはずです。料理が好きだという人はいますが、人をもてなすことが好きとか、食べている人の笑顔が好きとか、自分で食べることが好きとか、いろいろと複合的な要素が絡まって、「好き」だということではないでしょうか。

みんな、**手間がかかることを代行してもらったり、時間を短縮したりするためにお金を払う**わけです。ご飯を食べてお金をもらえる仕事なんてありません。グルメリポーターはどうなんだと言われそうですが、食べていることだけで仕事になっているわけではなくて、適切なコメント力であるとか、美味しそうに見せる技術であるとか、別の価値を提供しているわけです。

単純に言って、人間のやりたいことは決まっています。食べる、寝る、好きな人と会う、買い物をする、旅行に行く。それだけでお金を稼げることはありません。

そう考えれば、**やりたいことを仕事にするという考え方自体が、無理なもの**だと思えてきます。

もっと深い意味で、自己実現とか、やりがいという部分で「好きを仕事にする」という考え方もありますが、表層的な部分を見たときに、自分のやりたいことを仕事にするのは難しい。だから多くの人は、仕事を選ぶときに、収入や職場環境で考えるわけです。

やっていることをやりたいことに変える

やりたいことはなくていい。大事なのは、やっていることを、あるいはこれからやることを、やりたいことに変える意識です。

やっぱり**好きなこと、楽しいものにしか人は熱中できません**し、続きません。これは転職や独立に限りません。いまの仕事を楽しめないという人、みんなに考えてほしいと思います。

僕の事業で働いてもらっている人たちを見ると、仕事を好きな人もいるけれど、嫌いな人もいます。もちろん誰も嫌いだということを表面には見せません。でも新入社員が「めっちゃ仕事好きです！」と言っていても、それは嘘だろうとわかります。

本当に楽しかったら楽しそうにしているはずですが、実際に仕事させてみると、そうは見えない。一日の終わりに「やっと終わりましたね」みたいなことを言います。直接「仕事が嫌いだ」と言葉にしなくても、やっぱり伝わってきます。

当然、仕事を好きな人のほうが伸びて、生活のために無理して仕事をする人は成長しません。こちらとしては、会社のためにも本人のためにも、仕事を好きになってもらいたい。でも「仕事を好きになってね」と言ったところでそうはなりません。「どんな仕事がしたいの？」「どうなりたいの？」と聞いても響きません。

どうやったら仕事を好きになってもらえるのかと考えて、僕は**「仕事を間接的に好きになって」**と伝えるようにしています。

仕事を嫌いな人に、仕事そのものを直接的に好きになってもらうのは難しい。でも仕事以外であれば、誰でも直接的に好きなものがあるはずです。お酒が好きな人もいれば、週末に楽しむ釣りが好きな人もいる。そうした**好きなことをやるための手段として、仕事を捉え直してもらう**わけです。

好きなことができるのも仕事をしているからであって、そこをイコールにしてしまう。「仕事＝ビール」「仕事＝ブラックバス」です。あるいは仕事で稼いだお金で恋人にプレゼントを買える、家族を養える。そうしたところに仕事の価値を求めるように誘導する。**仕事とプライベートをできるだけくっ付ける**イメージです。

仕事とプライベートは、本来はっきりと分けられるものではありません。時間や空間として区別することはできても、両方が生活の中で影響し合っています。

真面目な人はそれに気づけないのかもしれません。ビールを飲んで良い気分で寝ることができるのも仕事のお陰だとは思えない。イヤな仕事が終わって、「ああ、やっとビールが飲めるぞ」と考えてしまう。そうすると、仕事がただ辛いだけのものになってしまうのです。

好きなことは探しても見つからない

「休日に何してるの?」「好きなことは何?」と聞くと、たまに「好きなことはありません」という人がいます。でも、そんなことはないと思います。**絶対誰にでも好きなことはあるはず**です。

ただそれは、**新しい趣味を探そうということではありません。そうするとむしろ見つからない**と思います。

好きなこと、楽しいことは過去から見つけるものです。いままでにやったことがあって、それで楽しかったことが好きなことです。探すというより、振り返ったら見つかるはずです。

いや、探すとか見つけるとか、そんなに難しいことではありません。**簡単にいえば休日にしていること**です。休日に辛いことをしている人はいませんよね。Youtubeを見ているのが好きならそれでいいし、お笑い番組でもいい。昼寝でもお酒でもいい。そう考えると、好きなことが見つからない人はいないのではないでしょうか。

「趣味を探さなければ」という意識の中には、自分に正直になれていない部分があるのではないでしょうか。誰かに聞かれたときに「趣味は○○です」と言えるものが欲しくて、「ビールです」とは言えない。

自分が楽しいと思えばそれでいいのです。他人には「休日にゴロゴロしていないで、何かしたら」と言われるようなことでも、本人が幸せなら何も問題ありません。

そうした意味で、ちょっと適当な、不真面目な考え方が必要です。上司に「ビール飲むために働いているんです！」と言う必要はありませんが、心の中ではそう思っていていい。そのことに、疑問や引け目を感じる必要はまったくないのです。

いずれ直接的に好きになれる

仕事を間接的に好きになるという考え方ができると、いずれ仕事を直接的に好きになります。

営業の仕事なんて全然好きじゃなかったけれど、週末の趣味のために頑張っていた。するとだんだんと熱中できるようになって、成績も上がってきた。自分のできなかったことができるようになると、やっぱり楽しくなっていきます。

それに、どんな仕事でも続けることでやりやすくなっていきます。イヤな上司の扱い方がわかってきたり、簡単な仕事を部下に任せられるようになったり。そうして**複合的に仕事を好きになっていきます**。

みんな真面目なので、目の前の仕事を「やるべき」とか「やってはいけない」と考えます。それが続くと、ずっとその感情から抜け出せません。少しずつ仕事を嫌いになってしまいます。

例えば野球選手は好きなことをしているようですが、毎日の素振りが楽しいかといえば、そうではないと思います。頑張って素振りを続けて、ヒットを打つ。自分の打点で試合に勝つから楽しいわけです。

そうした意味で、**仕事の解釈を拡張していく**意識が大事です。ただ仕事をしていても好きにはなれません。やっぱり少しの努力は必要です。やらなきゃいけないことを週5日こなすということではなくて、少しずつ好きになる方向に自分を向けていく。そうすることで、だんだんと楽に働けるようになります。

将来好きになると考えるだけでは辛いので、**すぐに好きになれることがないかを探してみましょう**。先輩と仲良くなって飲みに行くとか、会社の中に落ち着く場所を探してみるとか、ポジティブな視点で仕事を捉え直してみる。きっとどこかにあるはずです。

僕は後輩や社員に、「視野が狭いと将来も狭くなるよ」という話をよくします。目の前にあるものは同じでも、視点を変えるとまた別のものに見えてきます。いずれ直接的に好きになれると思って、まずは間接的に仕事を好きになってみてください。

目的と目標を決める

目的は漠然とした願いでいい

「目的」と「目標」という言葉があります。似たような意味で使われますが、僕はまず、「目的」が大事だと考えています。

僕がこの本で言う**「目的」とは「こうありたい」「こう暮らしたい」ということ**です。「目標」は目的を叶えるための通過点、手段のようなイメージです。

目的はみなさん、ある程度決まっているのではないでしょうか。僕の場合は「毎日自由な生活を送ること」でしたが、何でもいいと思います。毎日楽しく暮らす、社会的な成功を収める、お金持ちになる、家族とのんびり幸せに暮らす、ストレスフリーな人間関係をつくる。

目的は漠然としていて構いません。もちろん複数あっても大丈夫です。ただ、実際に自分がその目的を叶えたときに、どういう生活をしているかというイメージは明確に思い描いてください。

例えば目的が「家族を大切にする」だった場合、いまの会社でも転職しても起業しても、その目的は実現可能です。こうなるとどこに進んでいいのかわかりません。「家族を大切にする」とはどんな生活かを考えてください。朝と夜はみんなでごはんを食べる。週末には子どもと遊ぶ。半年に1回は海外旅行をする。そこまで分解すると、「これくらいの収入が必要だ」「時間が自由なフリーランスがいい」といった**「目標」が決まってきます。そうして自分がいま何を目指すべきかが見えてくるのです。**

いちばん難しい目標を探す

目的に近づくための目標の選択肢はいろいろとあると思います。その中で**選ぶべきは、いちばん難しいもの**です。誰も結果を出せなさそうなものを選ぶのです。

僕の大学時代の目的は、「お金を稼ぐこと」でした。そのための目標として何かの試験をパスしようと考えたら、三つしかありませんでした。国家公務員か弁護士か公認会計士。当時から将来の起業を視野に入れていたので、いちばん有利な公認会計士試験を選びました。

そこで「税理士になろう」とは思わないわけです。公認会計士試験に合格すれば、税理士にもなれます。あるいは簿記3級から始めて順番に、という発想もありませんでした。いきなり公認会計士試験です。

なぜなら、そうでなければやる気が出ないからです。これは格好付けて言っているわけではなくて、**目指す場所が中途半端だと、そこに向かう自分も中途半端になってしまいます**。

最難関だから、遊ぶことなく勉強しなければいけないと考えられる。これが適当でも受かるだろうというものであれば、必死にはならないでしょう。時間や気持ちに余分なものが入ってきて、そちらに目が向いてしまうことで、途中で飽きてしまうかもしれません。**高いハードルがあるからこそ、やる気も持続する**のです。

目標を決めるときのもうひとつの基準になるのが、**他人が同じ目標を叶えていたら、うらやましいと思うかどうか**です。

友達が簿記3級を取ったと自慢してきても、「おめでとう」とは言うだろうけれど、うらやましいとは思わない。それが公認会計士試験に合格したというのであれば、「すごいな」と感じるだろう。だったらこっちだ。

そうして目標を決めました。

ただ、目標を目指して進んでいる間に、その**目標を叶えたいと思わなくなったらや**

めてもいいと思います。

それは目標が低かったのかもしれないし、あまり必要なものではなかったのかもしれません。例えば目的が「人生を楽しむこと」だった場合、楽しいと思うことは時期によって変わることもあります。**目的はぶれてはいけませんが、そこに至るための道のりは変わっても大丈夫**。すぐに次の目標を探して、切り替えるべきです。

どうなりたいかをシンプルに考える

やりたいこと／やりたくないことリスト

　ではどんな目的を持てばいいのでしょうか。自由、楽しい、ストレスがない。いろいろ考えられますが、具体的なイメージを持てない場合は、自分のしたいこと、やりたくないことを書き出してみてください。

　感覚的に書き出せばいいのですが、改めて考えてみると難しいかもしれません。そういう人は、毎日の生活の中でしていることを、大きく四つに分けてみてください。

①最低限やらなければいけないこと

②楽しいこと
③自分を成長させるためにやること
④無駄なこと

①は食べる、寝る、歯磨きをする、お風呂に入る、着替える、電車に乗る。「働く」がここに入る人もいます。
好きなYoutubeを自由な時間に楽しむのであれば②。
将来のために本を読むことや、勉強することは③。
ぼーっとしている時間があったら④です。

まず、②が単純にやりたいことになるはずです。そこに③も加われば理想的です。
ほかにもやりたいことが思い付いたら、どんどん書き出しましょう。

次にやりたくないことですが、これはほとんどが①の中にあります。
僕が書き出していたのは、「早起きしたくない」「満員電車に乗りたくない」「重い

1日の行動を4つに分けてみよう

① 最低限やらなければいけないこと

・

・

・

② 楽しいこと

・

・

・

③ 自分を成長させるためにやること

・

・

・

④ 無駄なこと

・

・

・

「やりたいこと」を書き出そう

・

・

・

・

・

・

・

・

・

・

カバンを持ちたくない」「嫌いな上司と飲みに行きたくない」。

朝はいつももっと寝たいなと思っていました。それでも頑張って起きて、面倒だけど歯磨きをして顔を洗って家を出る。東京の出勤ラッシュなんて、信じられないくらいの混み具合です。潰されます。汗をかきます。気持ち悪くなります。そして荷物が重い。スーツもネクタイも着けたくない。

朝から、眠いな、暑いな、気持ち悪いな、重いな。もうすべてがイヤなわけです。これに前の日上司と飲んでいて二日酔いなんて加わったら、まさに地獄です。

紙に書き出すことは、とても大事です。やりたいこともやりたくないことも、誰にでもあるはずです。わざわざ書き出さなくてもわかっていると思うかもしれませんが、敢えて書いてみてください。**「やっぱり好きなんだ」「やっぱりイヤなんだ」と再確認できる。そこから自分の目的が見えてきます**。

ちなみに、これは僕がもともと時短のために考えた時間の分類でした。勉強や事業に使う時間を稼ぐために、①や④の中から、削れるものを徹底的に削りました。

「やりたくないこと」を書き出そう

・

・

・

・

・

・

・

・

・

・

シャワーの時間ももったいなくて、シャンプーして、そのまま顔も体も洗って、一度に流していました。ご飯の時間も超短縮です。餃子を食べるときに、酢と醤油とラー油を混ぜて、そこに餃子をつけて、なんて時間のかかることはしません。全部直接かけて食べます。いまはそこまでしなくなりましたが、少し癖《くせ》が残っています。

逆に③は削ってはいけないし、②も大事にすべき時間です。そうした考え方にも使えるので、参考にしてみてください。

難しく考えないことが大事

やりたいこともやりたくないことも、あまり深く考えず、シンプルに書きましょう。自由が奪われるのがイヤだとか、自分を出せないとか、そういう複雑なことではなくて、もっと単純なことでいい。わがまま、本音をとにかく書いてみる。そうしないと頭の中まで複雑になってしまいます。

以前、ある後輩に「悔しさがあったほうが仕事ってうまくいきますか?」と聞かれたことがあります。悔しさがあれば、ほかの人に負けたくないと思うから、仕事を頑張れるし、結果を出したいと思えるのではないか、ということですね。

率直に言って、**「めちゃくちゃこじれてるな」**と思いました。考え方が複雑過ぎます。悔しさがどう影響するかは人によって違います。バネにできる人もいれば、落ち込んでしまう人もいます。悔しさが必要かどうかなんて難しいことを考えなくて、そもそもどうしたいのか、何がイヤなのかをシンプルに考えればいいのです。

頭の中100パーセント「結果を出したい」でいれば、何をすべきか簡単にわかるのに、そこに20パーセント「悔しい」が入ってしまうことで、スムーズに行動できなくなります。単純に、「もっと結果を出したい」「もっと稼ぎたい」と思えばいい。

そう言ったら「確かにそうですね。悔しさは関係ないですね」とすっきりとした顔をしていました。

考えているうちに、本来の目的を見失ってしまう人はたくさんいます。大人になるほど難しく考えてしまいます。子どもみたいに「あれがしたい」「これがしたくない」だけで考えたほうがうまくいくことが多いのです。

自分の考えだけで動いてはいけない

まずは広く浅く調べる

目的が決まったら、動き出す準備の段階に入ります。目的を叶えるためにはどんな目標を立てるべきで、そのためには何が必要なのかを知る。

物事がイメージ通りにいくかどうかは、結局どれだけ準備できるかで決まるものです。しっかりと準備している人は、早めにうまくいく。当然のことなのに、何かを始めようとするとき、そこを疎《おろそ》かにしてしまいがちです。

ただ、準備してもやってみないとわからない部分があります。準備し過ぎもよくありません。

脱サラの場合、準備の時間は3日でいいと思います。1日10時間やれば30時間。本でもインターネットでも、どこかに行くのでも、それだけの時間全力でやれば、必要な情報はだいたい揃います。「まだわからないところもあるけれど、半分以上はイメージできたな」と思ったらすぐ動く。それで駄目ならまた動く。

「三日坊主」は悪い意味で使われる言葉ですが、それ以上調べると複雑になり過ぎてわからなくなります。転職の準備を3カ月やっていたら、それはもう実際の転職より大変な作業です。結果、「まあいっか。いまのままで」となってしまいかねません。

脱サラに必要な準備は、大きく分けて、リサーチとモデリングです。

まずはリサーチ。情報を集めることです。ここで「考える」必要はありません。**リサーチと考えるということは全然違います**。主観を抜きに、とにかく調べて素直に情報を吸収する。

インプットの方法は、文章、音声、動画、通話、対面です。

手っ取り早いのは文章です。本やブログを興味の赴《おもむ》くままに読んでみる。僕の場合は、1日3冊の本をカバンに入れていました。それを1冊15分くらいでパラパラと読む。見出しや強調されている箇所だけを見ていく感じです。それだけでも概略はわかります。

同時に音声や動画でも情報を調べていました。こうした方法の良いところは、自分のペースでできることです。家でも電車の中でも、スキマ時間にできます。

この段階で**大切なのは、広く浅く調べること**です。ひとつの情報に出会って、それが良いと思い込んで深掘りするのは危険です。ほかの選択肢を無視することになってしまいます。時間的なロスもある。大きく外さないためにいくつか目星を付けておいて、その中から絞り込んでいくイメージです。

ちょっと調べれば、起業するのにどんなビジネスがあるか、転職するためにはどこに登録すればいいのかがわかってきます。全然わからなかったところから、少しイメージができてきた。そうしたら人と電話したり直接会ったりという段階に入っていきます。

いまの時代、会えないということはないと思います。例えば転職の説明会もあるし、異業種交流会などもあります。そこで情報交換したり、自分は転職しようと思っているると相談したりしてみるのもいい。

統計学的には正しい傾向を掴むためには最低300人へのアンケートが必要だといいますが、それはさすがに無理として、5人に話してみる。そのうち4人が良いと言ったら大丈夫。もし3人だったらもう3人に聞いてみる。それくらいの感覚でいいのです。

いきなりパエリアを作ろうとするな

リサーチして具体的な目標が決まったら、次はモデリングです。

自分と同様の目的を達成している人をちゃんと調べる。仕事であれば明確ですし、プライベートでいえば、自分の興味のある分野に詳しくて、何よりそれを楽しんでいる人を探す。そしてそのモデルに学んで深掘りしていきます。

ただ、いまは情報が溢れているので、間違った相手をモデリングしてしまう危険もあります。ポイントは、その相手に実績があるかどうかです。肩書や経歴がしっかりしているかどうか。そこをクリアしていれば、あとは直感で大丈夫です。

転職にしても起業にしても、モデリングは絶対に必要です。自分で考えて自分で未知の世界へと進むのは危険が多い。**自分の考えだけで動いていいのは、ある程度の実績がある人だけ**です。

例えばパエリアを作るとします。いままでに作ったことはないけれど、料理は得意だし、なんとなく作り方もわかるからやってみよう、ということであればそんなに大きな失敗はしないでしょう。一方で、普段インスタントラーメンしか作らない人が、いきなりパエリアを作ろうとする。絶対に失敗します。

10回転職したとか起業したというならモデリングは必要ないかもしれませんが、そうでなければ、**まずは他人の真似をしましょう**。時間的にもお金的にも無駄がありません。

世の中には遠回りや時間をかけることを大事にする価値観もあります。手探りで進んで、少しずつ力を付けていく。だからその先の難関を超える方法も学べるのだ、というような。でも、明らかな近道、最短ルートがあるなら、そこを通ればいい。**危険だとわかっておきながら、わざわざ事故を起こす必要はない**のです。

お金を稼ぐことの価値は

まずは数字を基準にする

目標はいろいろと考えられますが、**最初は数字や結果に表すことができるものがいい**と思います。成績、学歴、資格、売上、年収。肩書や勤める会社。通勤時間や残業時間を減らすということでもいい。

自分がどこまで進んでいるかを数字以外で判断しようとすると、基準は主観しかなくなります。そうなると必ず甘えや思い込みが出てきてしまいます。自分の意志や感情とは無関係に、自分を評価してくれる軸が絶対に必要です。

数字や結果をある程度得た上で、やりがいや楽しさといった、数字で表せないものを求めればいい。周りから見たら、やらないほうがいいというようなことでも、自分が価値を感じるならやってみる。

僕はほぼ毎月のペースで本を出していますが、経営者の中には、本は出さないという人も多くいます。本を書く暇があれば、事業をやっていたほうが伸びるだろうと言われることもあります。

でも僕はそこを切り離して考えています。確かに言われる通りではあるけれど、僕は収益のために本を出しているわけではありません。やりたいからやっている。ただその前提に、僕の仕事の**結果や数字がなければ、ただ何もわかっていない奴になってしまう**わけです。

自信を持てる結果を出した上で、自分のやりたいことを求めていく。それができるようになってから、本当に仕事が楽しくなるのです。

「世の中お金じゃないよ」のウソホント

求めるべき数字として、やっぱりまずはお金です。給料の良し悪しと仕事が楽しいかどうかは別ですが、給与水準の高い会社の人はやっぱり楽しそうに働いています。自分の仕事の成果が、給与や待遇に還元されているということでしょう。

「世の中お金じゃないよ」という価値観を間違いだとは言いません。ただ、それはお金のある人しか言ってはいけない言葉だと思います。お金がいらないならボランティアで働けばいい、というのは極論かもしれませんが、ある程度満たされていなければ、本心から出る言葉ではないのではないでしょうか。

どんなことでも、自分事で考えると不要なフィルターが重なります。もし自分の息子が30歳になってまったく貯金していなかったらどう思うか、娘がお金のない人と結婚したいと言ったらどう答えるか。それでも「お金じゃない」と言えるのなら、それは揺るぎない本当の価値観だと思います。

ただ、そうした人は少ないでしょうし、ずっとその価値観で生きていけるかどうかもわかりません。独り暮らしで好きな仕事をして、給料は少ないけれど休日には楽しいことができる。それで本当に幸せだという人もいます。でもそこに、結婚したいと思う人が現れた。そのときいままでの幸せは幸せではなくなります。

少しイヤな言い方になってしまうかもしれませんが、世の中お金じゃないという人は、多くの場合、お金に対するコンプレックスがどこかにあるのだと思います。本当はもっとお金が欲しいけれど、仕事が楽しいからいい、不自由していないからいい、と無理やり考える。

給料の良し悪しと仕事が楽しいかどうかは別の話と言いましたが、逆に考えれば楽しい仕事の給料が低いとも限らないわけです。**楽しい仕事をしながら高い給料を求めることは、何も矛盾していない**のです。

何のために働くかが見えてくる

ちゃんと目的意識を持って取り組めば、いまより稼ぐ方法は、必ず見つかるはずだと思います。

もちろん、障害を持つ人や家庭環境によって仕事の選択の幅が狭くなってしまう人もいます。そうした人を除いて、お金を稼げない人は、結局現状を変えようとしていないのではないでしょうか。

それは、仕事を一生懸命やっていないということではありません。目標が別の所にあって、心のどこかで別にいまのままでも大丈夫だと思っている。趣味の時間が欲しい、仕事のほかにやりたいことがある、そのためにお金は二の次だと考えることは間違いではありません。

ただ、お金を稼ぐことを第一の目標とすれば、目の前の仕事に必死で取り組むはずです。結婚したり子どもができたりすると急に頑張り始めて結果を出す人がいますが、それはやっぱり必死になっているからだと思います。

　本当にお金が必要だと考えれば、手段は選ばない、とまでは言わなくても、結果を出すための最短ルートを探して実行するはずです。もしかしたら上司に取り入って評価を上げてもらおうとするかもしれません。それが良いか悪いかは別として、目標を叶えるための方法と考えれば間違ったことではないと思います。「正しいことをやりたければ偉くなれ」という言葉がありますが、真実を表しているのではないでしょうか。


お金は、ただ「欲しい」と言っているだけでは手にできません。稼ぎたいけれど、特に使う予定がないという人の所には集まらないようになっています。「このためにお金が必要だ」という具体的な目的と強い意志に、お金は吸い寄せられます。お金持ちはお金の使い方を知っているから、お金が集まってくるのです。

お金を稼ぐことのいちばん大きな価値は、何のために働くかを見出せることです。稼いだお金を何に使うのか。家族を幸せにするためなのか、将来の自分への投資なのかがわかる。それは**何のために生きているのかを考えること**でもあるのではないでしょうか。

だけどお金で幸せは買えない

僕はお金で幸せを買えるとは思っていません。ただ、確実に言えるのは、**お金で不幸は減らせるし、選択肢を増やせる**ということです。

例えば病気になってしまったらどうか。お金があれば、最先端の治療を受けることができます。家族が病気になってしまったとき、お金がないから治療を受けさせてあげられないというのは、不幸以外の何ものでもありません。もっと言えば、税金や寄付で自分の知らない人の不幸も救うことができます。

お金があれば、できないことができるようになります。

昔は人と食事に行っても支払いが気になっていたのが、いまでは後輩におごってやりたいなと思えるようになりました。

お金があれば、やらなければいけないことをやらなくてもよくなります。

僕は掃除と洗濯が大嫌いで、いつか誰かにお願いできるようになりたいと考えていました。いまでは家政婦さんがやってくれますし、その時間を好きなことに使えます。

ただ、**それでも、お金で幸せは買えません**。

僕は良い大学に入って、良い会社に就職して、良い年収をもらって、良い家に住んでいれば、毎日幸せだと思っていました。でもそれは間違いでした。やりたいことを毎日自由にやれることが、自分にとってのいちばんの幸せでした。

その目的を叶えるために、お金は必要なものでしたが、お金は目的にすべきものではないとわかりました。そうして本当の目的がわかってからのほうが、毎日が楽しくなりました。それが幸せになるということだと思います。

24 時間楽しい所に自分を連れて行く

自由の先にある新しい好奇心

僕は、自由に暮らす両親を見て育ち、こうなりたいなと思う半面、本当は自由になってはいけない、なるべきではないと思っていました。毎日スーツを着て決まった時間に家を出るのが当たり前。時間や他人に縛られずに暮らせるというイメージを、持つことができなかったのです。

それがたくさんの人と会ったり、いろいろなものに触れたりすることで、こういう生き方もあるんだと思えるようになりました。

最初は無理だと思うかもしれませんが、自由は徐々に近づいてきます。先に自由を手に入れている人はたくさんいます。この本を読んでくれている**あなたが手に入れられない理由はどこにもありません**。

そして**自由を手に入れたとき、そこに新しい好奇心が出てきます**。

本来は自由であることがいちばんの幸せであるはずで、自分でもそれがわかっているのに、また新しい所へ行こうとする。自由なだけで100点なのに、120点が取れそうなことをやってみたくなってしまう。そちらを目指すことで、一時、また自由が奪われるかもしれないのに。

でも、**自由であることの幸せを好奇心が上回ったら、もうそっちへ進んでしまえばいい**と思います。

目的を達成することで、また新しい目的が見えてきます。いままでチャレンジできなかったこと、新しいことをどんどんやっていきたいと思うようになります。僕の場合は「人のために、もっと働きたい」でした。

楽しいか楽しくないかでいい

いろいろとお話ししてきましたが、**目の前の選択は、結局、楽しいか楽しくないかで判断すればいい**と思います。

会社員でもいいし、経営者でもいいし、投資家でもいい。極端にいえば、仕事していなくても楽しいのであれば、それでいいわけです。脱サラして、失業手当と貯金で暮らしている間にまた働きたくなったら働けばいい。

ただ、**本当は楽しくないと言っている自分がいるなら、無視してはいけません**。いまいる場所が楽しくないなら、収入なのか、仕事内容なのか、何かしらの理由があるわけです。だったら動けばいい。考えてみれば簡単なことだと思います。

会社の中に、尊敬できる人がいるでしょうか。仕事の面だけで考えればいるでしょう。バリバリ仕事ができて格好良い。でも、「あの人みたいな生活をしたいな」とまで思える相手はなかなかいないと思います。

すごく仕事ができる人でも、プライベートが充実しているとは限りません。疲れていそうだなとか、大変そうだなという人を見て、「ああなりたい」とは思わないでしょう。そしてそれは当然、同じ会社で働く自分の、10年後、20年後の姿です。

本当の目的を叶えてからの僕の生活は、毎日が夏休みです。もともとプライベートは楽しいし、結果が出ることで仕事自体も楽しくなっていきました。

客観的に見れば忙しいのかもしれません。だいたい10時から18時までは仕事が詰まっています。ランチも仕事と絡めてみんなで食べます。夜も毎日会食の予定を入れて、自由な時間はほぼありません。一般的な意味でいう休日もありません。

それでも毎日夏休みです。辛さはまったくありません。働いているという実感もないし、逆にいえば休んでいるという感覚もない。ただただ毎日が楽しい。朝起きて「今日も楽しもう」、寝るときは「今日も楽しかったな」という感覚でずっとやれています。**24時間楽しい場所に自分を連れて行く**。誰もがそれを目指すべきなのではないでしょうか。

第4章

感情を解き放つ習慣

感情が変われば結果が変わる

脱サラなんて5分でできる

ここまで読んで、みなさんの「働き方」に対する考え方は変わったでしょうか。脱サラする、しないを問わず、みなさんが動き出すきっかけとなれば嬉しく思います。

新しい行動を起こすとき、必要なのは感情の変化です。

脱サラについて考えると、行動そのものは難しくありません。**辞表を書いて出すなんて、5分もあればできます**。転職するために転職サイトに登録することも、面接に行くことも、その行動自体は難しいことではありません。誰でもできます。起業に必要な手続きも同じです。

それではなぜ動けないのかというと、抵抗感やネガティブな感情が行動を邪魔するからです。

難しいのは、ネガティブな感情をポジティブに変えることです。転職に抵抗があった人が、もしかしたら自分もやれるのではないかという勇気を持ち始める。転職した人の話を聞いたり本を読んだりする中で、「転職」というワードを繰り返し自分に刷り込んでいく。そうして次第に抵抗感が消えていき、実際の行動に出る。この過程には長い時間が必要です。

『思考は現実化する』（ナポレオン・ヒル著／きこ書房）という本がありますが、僕は思考の前に感情があると考えています。感情の下に人は行動し、行動の先に結果がある。感情が変わらない限り、結果は変わりません。

行動を変えたいとき、新しい行動を起こしたいとき、僕たちが考えなければいけないのは行動そのものではなく、感情なのです。

自分の感情を認めてあげる

僕は普段ノートパソコンを使って仕事をしています。頻繁《ひんぱん》に使うので丸一日充電が持ちません。それで自宅と職場の両方に、充電アダプターを置いています。移動のたびにアダプターを持ち歩いて、いちいちコンセントに差して、また抜いて移動する。小さなことですが、とても面倒に感じます。そのストレスは本当に無駄です。

自宅と職場の両方に同じアダプターがあれば、持ち歩かなくてよくなります。机の上に置いておいて、仕事を始めるときは、サッと差して使う。家に帰ってもすぐに充電できる。

この話をすると、「そんなこと考えてみたこともなかった」と驚く人がいます。それは、感情を抑え込んでいるからです。僕は**面倒だという感情を我慢しない**から、アダプターを両方に置くことを思い付き、実際に買うという行動を起こせた。**その結果**

としてストレスがなくなったのです。

感情の動きを味方につけてしまえば、自分の行動は簡単に変わります。当然結果も変わります。自分の本来の感情に従った行動を選ぶほうがうまくいきやすい。我慢していたり、いやいやしたりするのでは、なかなか結果は出ません。

脱サラを怖がる気持ちも感情です。それを無理やり変えるのではなく、プラスの方向に変えていくことができればいいわけです。

そのためには、**普段から感情を抑えこまない意識が必要**です。感情に従っていない行動をしているがために、結果が出ない人はたくさんいます。仕事をするのはイヤだけど、それが当たり前。辛いことでも苦しいことでもするのが当たり前。それは正しいことかもしれないけれど、**イヤだ、辛いという感情自体は認めなければいけない**のです。

感情は積み重なっていく

人は感情によって動く生き物です。なのに、**この社会では感情を抑圧することが正しいとされてしまっています**。

僕たちは多くの場面で、個人の感情を表に出さないことが大事だと教えられて育ちます。他人に怒りをぶつけてはいけません、人前で泣いてはいけません、イヤなことでも率先してやりなさい、人と話すときは笑顔でいなさい……。

他人を傷つけたり迷惑を掛けたりすることは慎まなければいけませんが、時には喜ぶことでさえ、非難される場合があります。

甲子園でのガッツポーズが禁止されていることが話題になりましたが、なぜ駄目なのかまったく理解できません。何年間も努力を重ねてきて、やっと地区大会を勝ち抜いて夢の甲子園に出場した。そこでホームランを打つ、三振を奪う。ここでガッツポーズをしなかったら、人生のどこでガッツポーズをしていいのかわかりません。

この社会で、自分の感情を表現することより大事にされるのが、周囲の人との調和です。個人の感情によって集団の和を乱してはいけない。常に凪が理想で、感情の動きが見えない人が大人だ、立派だ、とされる。そうしてどんどんどんどん、**人は感情を表現することが苦手になっていきます**。

いまの自分は過去の積み重ねでできています。感情もまた、積み重なっていきます。ここに大きな危険があります。

世の中には、まったく怒らない人と、しょっちゅう怒っている人がいます。怒ることが少ない人は、怒りという感情の積み重ねがないから、怒ろうとしてもうまく怒れません。逆に毎日怒っている人は、怒りの感情が積み重なってしまっているから、怒らないことのほうが難しい。

限られた感情だけで生活していると、それ以外の感情を表現することがとても難しくなってしまいます。感情によって人の行動が決まるということは、感情の幅がない人の行動の選択肢は、当然限られたものになります。いまいる所とは別の場所に行くことに、とてもパワーを必要とするのです。

一方で普段から自分の感情に素直な人は、どの感情も同じように積み重なっているから、どこにでも行けます。それが社会の変化への適応力や柔軟性、スピードになるのです。

キーワードは「我慢しない」

感情を表現する訓練

電車に乗ろうと駅のホームに行ったら、ちょうど電車が着いたところ。急いで駆け込もうとした瞬間、ドアが閉まってしまう。日本人はみんな、何もなかったかのように振る舞いますよね。「気にしてないよ」「別に急いでないよ」といったように。

欧米人を見ると、とても悔しそうな表情やしぐさをします。日本人も「ちくしょう！」くらい言えばいいと思います。逆にスムーズに乗れて、席が空いていたら「よっしゃ！」と喜ぶ……とさすがにおかしな目で見られるので、小さく呟いて座る。

感情を隠さない訓練をしてみましょう。例えば、いつもイライラしているのに、ちゃんと怒れない人がいます。同僚に毎日のように迷惑を掛けられて、めちゃくちゃ腹を立てているけれど怒れない。たまには怒ってみればいいのです。

もちろん、それができれば苦労しないということもありますが、**最初は無理してでもやってみると、だんだんとその行動自体に慣れてきます**。「この書類間違いだらけだよ」と言ってみる。いままで我慢してきた分、すっとすると思います。何度か繰り返しているうちに、抵抗なく怒れるようになります。

もちろん、理不尽に怒ってはいけませんし、ただ怒るだけでは逆効果でしょう。「ふざけんなよ！」と言っても相手が変わることはありません。

理由もしっかりと説明しながら怒るのであれば、相手も理解してくれるのではないでしょうか。もし相手が理解してくれなくても、その姿を見ている周囲の人たちはわかってくれるはずです。

相手に直接感情をぶつけるだけでなく、聞いてもらうのもいい。考えてみると、普段誰かに自分の感情を伝えることは少ないのではないでしょうか。それも少し寂しいことです。

場面や相手を選ばなければいけませんが、楽しい、嬉しい、悲しい、辛い。あるいは早く帰りたいとか寝たいということでもいい。ちゃんと伝えるようにする。直接伝えるのに抵抗があれば、ＬＩＮＥやメールでも大丈夫です。**頭の中の感情を、ちゃんと外に出してあげてください**。

４００メートルだけタクシーに乗る

感情を抑え込まないためのキーワードは、「我慢をしない」です。

先日、男性４人で卓球をしました。海外旅行先のホテルに卓球台があって、なんとなく「卓球したくない？」と始めたら、かなり本気の勝負になりました。久しぶりの卓球は、とても楽しかったです。

こうしたことを我慢する人は多いですよね。「あ、ちょっとやりたいな」と思っても、「大人の男４人でやることか？」とか「海外まで来て卓球というのも……」と、我慢してしまう。そこを素直にやってみればいいのです。

負の感情も我慢しないようにしましょう。

先日、仕事の目的地まで行こうと自宅を出ると、雨が降っていました。タクシーに乗ろうとしましたが、なかなか捕まりません。少しずつ歩いていたら、目的地まであと400メートルくらいのところまで来てしまいました。

そこで「空車」のタクシーが見えた。もう少しだし、このまま歩こうかなと思いましたが、どうしてもイヤで、運転手さんに「めちゃくちゃ近いですけど乗っていいですか」と断ってタクシーに乗りました。

無駄使いだと思われるかもしれませんが、このまま我慢して歩くのは、やっぱり違うなと思ったのです。好きなこと、楽しいことに慣れるのはいいですが、嫌いなこと、つまらないことに慣れると、そこから抜け出せなくなってしまいます。**我慢することが当たり前になってしまって、改善すべきことだと考えられなくなる**のです。

感情からは少し外れますが、似たような話があります。

飲食店で働いていて、ジュースの注文が入る。グラスに氷を入れて、その上からジュースを注ぎます。ところが、グラスとジュースは隣同士に置いてあるけれど、氷は少し離れた場所にある。ジュースの注文を受けるたびに、その距離を移動しなければいけません。さらにそのスペースは店員が料理を持って通る動線で、邪魔しないように少し待たないといけないときもある。

ジュースを出すたびに、無意識の中でもストレスを感じているはずです。こうした無駄は、他人が見れば比較的簡単に気づきますが、本人たちは気づきません。

人間は一度慣れてしまうと、問題点を見つけ出すことや改善することが難しくなってしまうのです。

「イヤだ」を大切にする

この本を読んでいる人は、何かしらいまの仕事にイヤな所があるのだと思います。収入だったり、勤務時間だったり、上司だったり、仕事内容だったり。

第3章で「やりたくないことリスト」を書き出してもらいましたが、そうした「イヤだ」を深掘りしていきましょう。

本章の冒頭にお話ししたように、感情が結果を生みます。本当に抜け出したい、本当に手に入れたいと思えないと、なかなか結果も伴いません。

なんとなく「満員電車はイヤだな」と思っていても、なかなか行動には移せません。まずは満員電車がイヤだということをちゃんと認めましょう。そうして毎日考えるうちに、「満員電車に乗りたくないな」と思うことが、「絶対にイヤだ」に育つ。同じ車両に100人乗っているとして、**「俺はこの中で満員電車嫌いランキングトップ10には入るな」**とまで考えられるようになる。そうして初めて、実際の行動に移せるようになります。

逆に毎日考えても「なんとなくイヤだな」のまま変わらなければ、脱サラするほどイヤなことではないのかもしれません。それなら無理をして状況を変える必要もないわけです。

抑えるべき感情

承認欲求が人を縛る

ここまで感情を解放すべきだとお話ししてきましたが、抑えるべき感情もあります。

自分の選択を考えるときに、それが**大事な選択であればあるほど強く働くのが、承認欲求**です。人に認めてほしい、優秀だと思われたい。その感情があるからこそ目の前のことを頑張れるという面もあるのですが、自分の**人生の大事な選択という場面では、邪魔になる**ことが多い。

良い大学を卒業して良い会社に勤める。周囲からはすごいという目で見られて、承認欲求が満たされます。でもそれが過ぎると、次への一歩を踏み出しづらくなります。脱サラして無職になったら、みんなにバカにされるんじゃないか、相手にしてもらえなくなるんじゃないか。そうした、自分の外側を意識する感情が生まれてしまうのです。

大企業とか有名企業といわれるような会社でなくても同じです。人は組織に属しているということに、一種の社会的なステータスを感じます。あるいは弱い自分、情けない自分を組織によって取り繕っているところもあります。

会社を辞めるということは、多くの場合、周囲から見れば「もったいないこと」です。誰かに相談して「絶対辞めたほうがいい」と言われるような会社なら、そもそも辞めることを迷いませんよね。

そのもったいないことをしてしまう自分は、周囲に認められないんじゃないか、と考えてしまうわけです。その上まだやりたいことも決まってないけれど、とりあえず辞めるという状況なら、さらにその思いは強くなります。

この**承認欲求をいかになくせるか**です。「あいつは良い会社に勤めていたのに、なんで辞めたんだろうね」「いまさら起業して成功できると思ってるのかね」という目で見られる。それを受け入れるマインドがなければ辞められません。

周りに褒められて苦痛を感じながら生きるのと、周りからはバカにされるけれど自分としては最高に楽しく生きるのと、どちらが幸せか。比べるまでもありません。自分の幸せは自分で決めるものです。**周りに合わせて自分を犠牲にする必要はない**のです。

自分勝手に生きていこう

人の目を気にするということは、本来良いことです。周りの期待を裏切ってしまうのではないか、悲しませてしまうのではないか。そうした思いは優しさとも言い換えることができます。

ただ周囲の人たちのことを大事にし過ぎて、自分を犠牲にしている人が世の中にすごく多い。

自分が落ち込んだとき、疲れたとき、**「休んでいいよ」と言ってくれる人よりも、「頑張れ」「まだやれる」と応援してくれる人のほうが多かったりします**。そうして頑張り続けてしまう。当然、どこかで無理がきてしまいます。誰もが、もうちょっとわがままでいいし、本音を認められていいのです。

これまでに、他人に認められる生き方は十分にしているはずです。ちゃんと学校に通ったことも、ちゃんと働いていることも、とても立派なことです。もう人に認められる必要はありません。そろそろ、自分に認められる生き方をしなければいけません。

誰に迷惑を掛けても、怒られても、最終的にうまくいけばそれでいい。そういう時期がなければ、ずっと自分に嘘をついて生き続けることになってしまいます。

新しい決断は、どこか適当でなければできません。真面目過ぎると不必要なことも考えてしまいます。世の中を見ると、真面目な人はたくさんいます。**みんな真面目なんだから、自分ひとりくらい不真面目でもいい**のではないでしょうか。自分勝手に生きていきましょう。

"must""should"を"want"に変える

僕は会社員時代、みなさんと同じように、本当にこの仕事が好きなのかなと悩んでいました。いま思い返すと、常に"must""should"の考え方で動いていたのだと思います。「やらなければいけない」「やるべきだ」。親に「勉強しなさい」と言われて机に向かう子どもと同じです。

でも、**義務の中に喜びや楽しさは生まれません**。会社員の人たちは、生活のため、家族のため、会社のため、いろいろな"must"に縛られていて、本当にやりたいことが見えていません。義務感や正義感で頑張り続けている。

そこには仕方ない部分もありますが、**できるだけ"want"で考えてください**。「やりたい」か「やりたくない」かです。

小学校の文集に「将来なりたい職業」を書きますよね。あのときの感情で考えましょう。「本当になれるのかな」「どうすればいいのかな」なんて迷わずに、「空を飛びたい」とか「ウルトラマンになりたい」と書いていたのではないでしょうか。

子どもから学べることはたくさんあります。子どもはすごく志が高い。「こうなりたい」「こうしたい」がはっきりしています。

大人になるとそうした思いはどんどん弱くなっていきますし、視野も狭くなっていく。さすがに「ウルトラマンになる」というのは考えものですが、ホラ吹きなくらいでちょうどいいのです。

仕事の濃度を薄める

「仕事がすべて」だと怖くて動けない

第1章でお話ししたように、仕事は人生のいちばん大きな部分を占めています。でも、人生の100パーセントが仕事だというわけではありません。

仕事を重く大きく考え過ぎると、動けなくなってしまいます。「私の人生は100パーセント仕事です」という人が仕事を変えるということは、人生すべてを変えることになってしまいます。

これでは怖くて動くことなんてできません。転職や起業に人生のすべてが懸かっていると考えれば、逃げ出してしまいたくなります。

みなさんの周りにはどんな人がいるでしょうか。同僚や上司、部下だけではないはずです。家族や友人もいて、そのたくさんの関係性の中で生きています。仕事しか楽しみがないという人もいないでしょう。家に帰れば何かしら、自分の好きなことをしているはずです。

人生でいちばん重要なのは仕事だという人もいて、それが間違いではないですが、仕事がすべてではない。そのことに気づいてほしいと思います。

自分を動かすために、**人生の中での仕事の濃度を下げる**意識を持ちましょう。それは仕事を適当にやるということではありません。人生の価値観として、仕事の濃度を下げるということです。

１００パーセントであるから、捨てられないのです。40パーセントまで下げることができれば、人生の40パーセントが変わっても、60パーセントは変わらず続くと考えることができます。10パーセントになれば、それはもう、失うことが怖いものではなくなります。

仕事のことを忘れる時間を持つ

ではどのように薄めていけばいいか。ひとつは**時間的な意味**です。

残業しない、昼休みを短くしてその分早く帰る。定時になって、特に仕事を残してもいないのに帰らない人がいます。なんとなく帰りづらくて、上司が帰るのを待ってから退社する。

会社員は残業すれば残業代が入りますし、なんとなく仕事している感じで過ごせてしまいます。でもそれは時間的に考えると無駄でしかありません。

僕の場合は脱サラをする前に副業を始めていたので、そちらに時間を使うために、本業をとにかく効率的にやろうと考えていました。やっぱり時間が限られたほうが集中できます。本業を疎かにすることはないままに、濃度を下げることができました。

もちろん趣味を楽しむため、家族との時間のためでもいいと思います。

もうひとつが**メンタル的な意味**です。

僕はエンターテインメント好きで、会社員時代から、コンサート、劇団四季、サーカスなどによく行っていました。食事やお酒も好きです。生活の中にいろいろな要素があって、仕事はそのひとつに過ぎませんでした。だから脱サラを決断できたのだと思います。

みなさんもちょっと肩の力を抜いて、遊園地に行ってみたり、温泉に行ってみたり、スポーツをしたりしてみてください。

仕事のことが気になって、夜も休日もずっと頭から離れないという人もいます。プライベートの時間に普段と違うことをすると、少しの間だけでも仕事を忘れることができるのではないでしょうか。

「不安」が幸せな人生をつくる

将来が不安で当たり前

多かれ少なかれ、誰もが将来に不安を持っています。**どんな会社で働いている人も、どんな収入の人も、将来が不安**です。「俺、このままでいいよ。余裕余裕」という人は、ほぼいないのではないでしょうか。

人は不安だからこそ、動かなければいけないと考えるわけです。**不安でない人は、もう変わることができません**。将来が不安、脱サラも不安。当たり前です。それでいい。みんなそうです。

その**ネガティブな感情を認め、しっかり捉え直すことができると、いま動くことをポジティブに感じられる瞬間が訪れます**。

何か新しいことを始めるときに大事なのは、**最悪のケースを描く**ということです。行動すれば、当然うまくいくこともあるし、そうではないときもあります。不安を煽《あお》るようですが、自分の選択の先に起こり得る、最悪の結果を想定してみてください。

僕は会社を辞めて起業して、失敗したらどうなるかを想像しました。でも、ただ無職になるだけです。第5章でもお話ししますが、起業に失敗したからといって、必ずしも大きな借金ができるわけではありません。無職になって、お金もなくなるかもしれない。それでもまあ生きていくことはできるだろうと思いました。

公認会計士試験を目指したときもそうです。もし落ちたらどうなるか。1年に1回の試験なので、落ちるたびに1年かかります。5回落ちたら5年です。「でもまあ、いずれ受かるだろう」と思えました。

みなさんはどうでしょうか。**脱サラをして、最悪の結果はどんな状態でしょうか。それは本当に受け入れられないものでしょうか**。

不安に目隠しをしてはいけない

人間が不安を感じる対象は、未来にしかありません。過去の出来事を不安に思うことはないですし、いまこの瞬間に問題が起きたとしたら、それは対応すべき危機です。不安に感じている暇などありません。

将来に対するものだからこそ、不安には目隠しをすることができます。いま、この瞬間は大きな問題なく生きているから、とりあえず見ないフリをしても大丈夫となってしまう。

人間は将来の利益より目先の利益を取るといわれています。10年後に10万円もらえるのと、いま5万円もらえるのでは、5万円を選ぶ人のほうが多い。この本のテーマで考えれば、目先の利益は「動かない」です。リスクを得ることなく、現段階での最高の結果が得られます。

でも、不安に目隠しをし続けることで、時間ばかりが経ってしまいます。そうしてどんどん不安は大きくなっていきます。雪だるまのように。逆に動き出すのが早ければ早いほど、不安の解消は簡単です。解決策を考える時間もあるし、それを実践する時間もあるからです。何より不安を解決するために動いているという事実が、安心感を与えてくれます。

この本を読んでいるみなさんも、「不安といえば不安だけど、まだなんとかなってるよ」という人が多いのではないでしょうか。つまりは不安に慣れてしまっているのです。

だから一度とことんまで不安になってみてください。自分は何を不安に思っているのかを明らかにしてください。**最大限ネガティブに考えてみてください**。

このままじゃ将来ヤバい。10年後、20年後にいまの会社はあるんだろうか。中年になってから職を失って、次の働き先は見つかるだろうか。老後に2000万円必要だっていうけれど、このままじゃ絶対に無理だ。

もちろんお金に限りません。

毎日毎日なんとか仕事しているけど、これがあと30年続くのか。週末だけ楽しい人生で終わってしまうのか。

そこまで考えてみて、どうでしょうか。**不安を見ないフリすることと、いま動くこと、どちらをポジティブに感じるでしょうか**。

ここで一度、目の前の不安を解消するために行動してみてください。不安を安心に塗り替えることができたら、次はその先にある不安をまた安心で塗り替えてください。それを繰り返していれば、いつの間にか「不安」をネガティブに感じないようになります。**自分の人生を幸せにするために必要な感情**だと捉えられるようになるのです。

第5章

脱サラ後の選択肢

あなたは何を選ぶか

転職か独立か

改めて、脱サラ後の選択肢を考えてみます。

いろいろとありますが、現実的な選択肢としては、転職、フリーランス、起業といったところだと思います。

まずは、転職して会社員を続けるか、フリーランスなり起業なりで独立するかです。

例えるなら、**会社員はプール、フリーランスや経営者は海の世界で生きています**。プールでは波は立ちません、ずっと安定して過ごすことができます。海に出ると、凪のときもあれば大荒れのときもあります。収入は上がったり下がったりです。どちらが良い悪いではありません。僕は会社員を続けるということは考えられませんでした。実際に起業してみても、やっぱり間違った選択だとは思いません。波は毎日形が違います。それを乗り越えることが面白い。

でも、そもそも波を乗り越えることに魅力を感じない人もいるでしょうし、会社員でしかできないこともあると思います。会社全体を巻き込んだビッグプロジェクトや、社会に大きなインパクトを与えるようなイノベーションは、やっぱり体力のある企業でなければ実現不可能でしょう。

要は本人の向き、不向きだと思います。

単純な話ですが、普段からいろいろな服を着たいとか、たくさんのお店に行きたいという性格の人は、起業に向いていると思います。逆にいつも同じ人と会っているほうが楽しいとか、あまり引っ越したくないという人は転職向きです。みなさんはどちらでしょうか。

動かないという選択

転職や独立だけではなく、**いまいる会社にとどまるという選択も間違いではありません。**

どんな会社に勤めていたとしても、そこがいちばんだということはないと思います。100点満点はあり得ません。

でも、いちばんだと思うことはできます。無理に考えるということではなく、ほかにも良い会社があるかもしれないけれど、自分にとってはここが最高だと感じる。

いろいろな角度からいまの環境を見たときに、新しい魅力を感じた。仕事を間接的に好きになるところから始めたら、直接的に好きになれた。あるいは人生の目的と目標を考えたとき、この会社でできないという理由はなかった。自分はできない理由を探していただけだった。そういうことだってあると思います。

あるいはいろいろとリサーチしてみたけれど、やっぱり面倒だとか、動く労力を考えたらこのままでいいと判断する。それも間違っていません。

多くの人に、いまいる場所を良くしようという意識が足りない気がします。

仕事がイヤだ、辞めたい。そのことと、いま目の前の仕事を頑張らないということは別の話です。その場で結果を出すために努力することは、どんな選択肢を選んだとしても大切です。

いままでとは違った意識で仕事に取り組んでみる。小さなことから始めて、少しずつ自分の働きやすいように環境を変える。あるいは自分自身を変えていく。そのときに足元を見てみたら、**いまいる芝生がいちばん青かった**ということだって、あるはずです。

それなら動く必要はありません。動かない自分をネガティブに考える必要もありません。自分はちゃんと考えた上で、この会社で働くという選択をした。それは十分に立派な判断ではないでしょうか。

転職の思考法

転職に成功するのは転職を繰り返す人

転職に必要な思考として、第一は目的と目標を明確にすることです。

すべての選択肢に言えることですが、転職では特にしっかりと考えておかなければいけません。フリーランスや起業と比べて、会社で働くということは、自分では変えられない要素が多くなるからです。**動く前のイメージと現実の乖離《かいり》が起きやすい**。そこを理解しておく必要があります。

なぜいまの会社がイヤなのか、次はどんな会社で働きたいのかをしっかりと考える。

給料もあまり良くないし、残業も多い。人間関係もちょっと窮屈だし、仕事もあんまり面白くないな、という考え方で転職先を探そうとしても、何を基準にしていいのかがわかりません。

いまの会社と同じような業種を転職サイトで探して、特にイヤな部分がなければ応募する。そうして内定をもらった会社で働く。結果的に満足できる会社であればいいけれど、確率的にはとても低いと思います。何度も転職を繰り返すのは、こうした人が多いのではないでしょうか。

ただ、転職を繰り返すこと自体が悪いことだとは思いません。

転職に成功する人は、転職を繰り返す人です。正確に言うと、目的と目標を明確にした上で、転職を繰り返す人。

結婚は最低3回するべきだ、と主張する知人がいます。絶対に1回の結婚でうまくいくはずはない。第1ステージ、第2ステージ、第3ステージと進んで、初めて本当の幸せが手に入るのだと。ある意味真実ではないでしょうか。

マイホームを建てるときにも同じようなことがいわれます。考えられる希望をすべて詰め込んで家を建てても、絶対に不満に思う所は出てくる。本当に満足できる家を建てようと思ったら、人生に1回では無理だということです。

そうしたことと仕事を比べるべきではないかもしれませんが、会社も同じだと思います。一度転職してみて、駄目だったら次を探せばいい。**どこかで満足のいく会社に入ることができれば、それまでの失敗も失敗ではなくなります。**

転職サイトを判断基準にしてはいけない

転職しようとすると、多くの場合転職サイトや派遣会社を利用すると思います。

そうしたところが、自分の適性や希望に合った会社を教えてくれることがあります。ネット上で「あなたに適した業種は」という診断があったり、営業担当の人が会社を薦めてくれたりします。

一見、自分に合った会社を選ぶことができそうですが、そこにも気を付けなければいけません。

転職サイトや派遣会社のビジネスは、企業に人材を入れて、その代価としてお金をもらうことで成り立っています。当然どんどん応募してほしいから、**必ず事実より一歩踏み込んだトークをします**。

もちろん転職サイトや派遣会社の人も、会社と人材両方にとって最適なマッチングをしようという意識の上でやっています。騙してやろうという気持ちはないでしょう。でも、ビジネスである以上、確実にそこではお金が動いています。自分は営業されていると認識しておくことが大事です。「あなたのキャリアを生かせる」「この会社はこんなところが良い」。間違いではないのですが、それを鵜呑《うの》みにしてはいけません。

参考にする程度であればいいですが、そこを判断基準にはしない。あくまで自分の基準を持つことが大事です。

給料が低いのがイヤなのか、人間関係なのか。特にイヤなことはないけれど、もっとやりがいのある仕事ができる会社を探すのか。それはどんな会社でなければいけないのか。

そうしたことを明確にしておくことが必要です。第3章で書き出したことを見て、もう一度整理しておきましょう。

フリーランスの思考法

フリーランスから起業という順番

独立する場合、まずはフリーランスとして働くという人が多いと思います。会社員時代にやっていた職種で、フリーランスとして仕事を請け負う。それまでの人脈をそのまま生かせますし、仕事の内容自体は大きく変わりません。**自由のメリットを最大限得た上で、最小限のストレスで始められます**。

とりあえずいまの給料と同じくらい稼げればいい。人に縛られずに自由にやりたい。満員電車や職場での人間関係がイヤで、それが解消されればいい。そうした人はフリーランスで始めるといいと思います。

フリーランスになるということ自体はとても簡単です。簡単にいえば名刺を作って、「自分はフリーで仕事をしています」と宣言すればいいだけです。

税務署に開業届けを出す場合も、税理士などに任せることができます。そのお金がもったいないと思う人は、本やネットで勉強しても、どのように手続きすればいいかは簡単にわかると思います。

ただ、やっぱり税金や経費について、ひと通りのことは学んでおかないといけません。会社員であれば会社がやってくれますが、フリーランスであれば自分で手続きしなければいけなくなります。

損をしないように、という意味では節税です。例えば自宅で仕事をするなら、家賃や光熱費の一部が経費として認められ、税金控除を受けることができます。「こんなものも経費になるのか」という意外なものもあるので、調べておくようにしましょう。

フリーランスと個人企業の違いは

フリーランスとして始めて、仕事の規模が大きくなったときに、起業を考えてみてもいいと思います。

個人事業主と法人の差といえば、いちばんは税金です。住民税は全国どこの市町村でも、だいたい10パーセントですが、所得税は超過累進税といって、所得が多ければ多いほど税率が上がっていきます。年間4000万円以上の収入がある人は、所得税に住民税を加えた税率が55パーセント。実に半分以上を持っていかれるわけです。

その点、法人税の税率は2区分しかありません。大まかにいって、年間の所得が800万円以下で19パーセント、800万円を超える場合で23・2パーセントです（細かな条件の違いによっては、この限りではありません。また、期間限定の軽減税率などもあります）。

いろいろな考え方がありますが、一般的には、**だいたい月50万円以上の利益が出る**

場合は、法人にしたほうがメリットが大きいといわれています。

それに、法人のほうが経費として認められる部分が大きくなります。法律的には法人が行う活動はすべて事業目的とみなされます。わかりやすい例でいえば、仕事に必要な車を買えば、経費として扱われます。高速道路代金、ガソリン代も同様です。でもこれが個人事業主であれば、「プライベートでも乗っていますよね」と、税務署のチェックが厳しくなります。

法人のメリットとして付け加えたいのは、やっぱり法人のほうが社会的な信用度が高いという点です。名刺に個人の名前しか書いていないのと会社名があるのとでは、相手の受ける印象は大きく違います。

例えばフリーランスのデザイナーであれば、名刺の印象はそれほど重要ではないかもしれません、世間的にも、優秀なデザイナーはフリーでやっているというイメージがあります。でも、もしコンサルタントとしてフリーランスだったらどうか。やっぱりイメージ的には会社名があったほうが信頼してもらえると思います。そうした点も考える必要があるでしょう。

起業の思考法

いきなり会社を設立する

僕は脱サラしていきなり起業しました。やるならいちばん難しいところを目指す、という性格もありましたし、少しずつやっていくよりは最初から大きくやったほうが、トータルでの利益も大きくなると考えました。

最終的に会社を持ちたいという考えがある人は、最初から起業でいいと思います。リスクが大きいと感じるかもしれませんが、そうでもありません。そのことについては、後ほどお話しします。

企業というと、従業員を雇うというイメージがありますが、ひとりで法人化してもいいわけです。まずは自分だけで始めて、規模が大きくなったら人を雇うことを考えるという方法もあります。

最初から人を雇うということは、ある意味で人を頼ることでもあります。自分の苦手な部分を任せてしまおうという意識がどうしても出てきます。それに、即戦力の人を雇うことができればいいですが、未経験者や社会人経験の浅い人であれば教育が必要です。

そうなると、自分が育ちません。もちろんひとりではできない業種もありますが、そうでなければ、最初は自分だけでやっていくという選択が正しいと思います。

フリーランスにしても個人企業にしても、ひとりで熱中し続けることができて、幸せだと思えるなら、そのままやっていけばいい。必要最小限の人間関係でやれるということは、とても大きなメリットです。どこかで次の展開をしたいと思うようになったら、起業を考えればいいのです。

僕も最初の2年間は、ひとりでやっていました。でもある程度のお金が入ってくるようになると、自分だけでやっていてもつまらないと思うようになりました。これからは人を育てたい、教えたい、もっと周りのために働きたい。昔自分が困っていたときには、人に教えてもらいました。それを自分もしてみたいと思ったのです。

起業のハードルは下がっている

いまは起業のハードルがとても低くなっています。昔のように、**お金がなければ会社は作れないという時代は終わりました**。制度上、いまは資本金1円でも会社を作れます。

会社の設立時に必要なお金は、諸手続きのために、**株式会社の場合でだいたい25万円**くらいです。**合同会社であれば約10万円**です。合同会社は株式会社と比べると信頼度が低いイメージもありますが、とにかくお金を抑えたいという場合は、合同会社でもいいと思います。

会社だからといってオフィスを借りなければいけないというわけでもありません。

自宅でも大丈夫です。それに、**とりあえず設立しておいて、寝かしておくこともできます**。そうしてまた動き出したいときに使えばいい。その間、会社を続けていくこと自体にお金はかかりません。

意外なようですが、起業する前の年収が高かったり、資産を多く持っていたりする人のほうが有利かと思えば、そうでもありません。逆に年収が低かった人のほうが早い段階から稼げたりします。

お金を頼りにしていなくて、自分がやるしかないという覚悟があるからかもしれません。稼ぐための武器は、自分の知識、技術、体です。お金があるからうまくいくと思ってしまうと、どうしても、自分を高めていくことが中途半端になってしまうのだと思います。

リスクの少ないビジネスを選ぶ

起業する上で、どんな業種が考えられるでしょうか。いまの仕事やフリーランスの延長として起業する人が多いと思いますが、僕の場合は起業することは決めていても、何のビジネスをするかまでは決めていませんでした。どんなビジネスが良いのか、先輩経営者の方に教えてもらったり、勉強したりして決めていきました。

大資本のない個人が企業を立ち上げる、つまりベンチャー企業は、大企業と同じ戦略を持つことはできません。大企業は資金力や人材力があるので、薄利多売の事業でも儲けられます。でもベンチャーは真逆です。高利益の事業をやらなければ儲けを出すことは難しい。

僕はまず**シンプルに、儲かる業種を考えました**。

日本人が生涯の中でする買い物の中で、金額の高い順にランキングすると、不動産、車、教育、保険です。加えて最近は人材の分野も伸びてきている。僕は教育から入って、いまは車を除いたこれらをすべてやっています。

大切なのは、リスクを減らすこと。最強のイノベーターと呼ばれる堀江《ほりえ》貴文《たかふみ》さんは、ビジネスを始めるときの4原則として、次のことを挙げています。

①小資本で始められる
②在庫がない（あるいは少ない）
③利益率が高い
④毎月の定期収入が確保できる

例えば物販をするのであれば、注文を受けてから仕入れるモデルにする。これで在庫は必要なくなります。僕はアフィリエイトの副業から始めました。無料ブログでお金はかかりません。

ある程度勉強してからであれば、起業のリスクは限りなく少なくなっていくのです。

手続きは税理士に頼む

個人事業主の開業届けに比べると、会社設立の手続きは大変です。本やネットで調べれば自分でもできないことはないですが、専門家に任せてしまうことがお勧めです。少なからずお金がかかりますが、先のことを考えると、そのほうが効率的なのです。

手続きを代行してもらえるのは、司法書士事務所や税理士事務所。登記手続きは司法書士しか代行できませんが、僕は**税理士を勧めます**。税理士事務所には司法書士が連携している所が多いですし、行政書士に頼むと、諸経費に加えて手数料が必要だからです。諸経費との合計の相場で30万円くらいかかってしまいます。

もちろん税理士でも手数料はかかるわけですが、その先の顧問契約をすることで、手数料を無料にしてくれる場合が多い。

顧問契約というのは、簡単にいうと会社の経理関係を外注することです。高そうなイメージがありますが、ベンチャーでまだ売り上げも低い段階であれば、交渉次第では2万円くらいで受けてくれるところもあります。

これを惜しんで自分で経理をするというのは、僕はお勧めしません。会社が大きくなって専属の経理担当を雇うなら別ですが、自分だけ、もしくは数人でやっているときに**2万円を惜しんで経理の仕事に時間を取られてしまうのは、本末転倒**です。語弊があるかもしれませんが、経理業務そのものに生産性はありません。その時間を事業にかけて、会社を成長させていくほうが大事です。

また、会社設立時には、条件に適えば金融機関からの融資や国などの助成金を受けることもできますが、この手続きも結構大変です。どんな強みのある会社であるか、自分の経歴など、かなり細かな書類を用意しなければいけません。

これも税理士に代行してもらうことができます。だいたいその融資額や助成金の5パーセントくらいの手数料が相場ですが、中にはあくどい所があって、20パーセント取られたという話も聞いたことがあります。こうしたことも事前に調べておきましょう。

この手数料も、顧問契約を前提にしていれば無料でやってくれる場合があります。もちろんすべての税理士がそうだというのではなくて、設立時にお金を要求する税理士もいますが、そうした場合は別の税理士を探してもいいと思います。

最低限知っておくべきお金の知識

お金の勉強からスタートする

お金のことは税理士に任せるといっても、**会社を経営する以上、やっぱり最低限のお金の知識は必要**です。

昔ながらの経営者だと、お金のことはわからないという人が多いですが、やっぱり危険です。**お金の知識がないというのは、例えていえば計器のない車を運転するようなもの**です。いま何キロ出ているのかわからない。エンジンの調子もわからない。そのまま走り続けていれば、どこかで事故を起こします。

起業のための準備として、お金の勉強からスタートするのもお勧めです。起業に対する不安を和らげることができるので、心配性の人にはピッタリだと思います。起業はそんなに恐れることではないのだな、ということがわかってくるはずです。

税理士と顧問契約をするという前提であれば、そこまで難しい知識は必要ありません。**まずは簿記3級程度で十分**です。ＢＳ（貸借対照表）とＰＬ（損益計算書）の読み方、固定費と変動費の違い。それ以上に高度な知識や専門的な知識は、必要になってから覚えればいいと考えましょう。

ここでは起業へのハードルを下げるために、少しだけお金の考え方についてお話ししますが、深く考えようとすると専門的な話になるので、この本では大きくは扱いません。別の著作に詳しく書いてあるので、そちらを参考にしてみてください（『これで金持ちになれなければ、一生貧乏でいるしかない。お金と時間を手に入れる６つの思考』ポプラ社）。

売り上げだけではなく経費を考える

起業を考える上で覚えておいてほしいのが、経費についてです。大きく分けて固定費と変動費です。固定費は一般的に賃料や人件費。月々必ず必要な経費です。変動費は月によって額が変わるもの。例えば仕入代や消耗品を買うお金です。

そんなこと知っていると言われそうですが、会社経営というと、売り上げを上げることばかりを考えてしまう人が多い。もちろん売り上げがなければ会社は潰れてしまいますが、同時にしっかりと費用を抑えることも必要です。

利益や損失は、単純な足し算と引き算です。売り上げがいくらあっても、それより費用が高ければ赤字です。逆に費用を抑えることができれば、同じ売り上げでも利益は高くなっていきます。

会社経営に対する恐怖の大きな部分が、固定費にあります。例えばお店を開くならどれだけ売り上げが少なくても、毎月決まった家賃を払わなければいけませんし、人を雇ったら、当然給料を払わなければいけません。

一般的に大企業は変動費を下げ、固定費を上げていきます。なぜなら売り上げが損益分岐点を上回ることがわかっているからです。その上回った分がすべて利益になる。大きな売り上げが見込めるのであれば、固定にしたほうが利益は大きくなるわけです。

一方でベンチャーは高い損益分岐点がプレッシャーになります。毎月固定費が100万円だとすれば、損益分岐点は100万円。固定費を上げれば上げるほど、ボーダーラインが上がっていきます。売り上げがそれ以下になれば当然赤字です。

創業して間もない頃はキャッシュフローが悪い。いかに固定費を下げられるかです。

固定費を変動費化する

固定費は名前の通り「固定」なわけですが、ここを疑っていきます。**「これは固定費だろう」というところを見直してみる**。仮にゼロにできれば、売り上げゼロでも赤字にはなりません。

ポイントは、固定費の変動費化です。

ひとつは、アウトソーシングできるところをアウトソーシングする。例えば何か商品を作る人が必要であれば、自社で雇うのではなく外注に出す。そうすれば固定費にはなりません。受注量が少ないのであれば、外注しなければいいわけです。

人件費に関しては、フルコミッションや歩合を高くする方法もあります。例えば従業員が3人必要だとします。給与が30万円ずつだとすると、合計で90万円。それ以上の売り上げがなければ、すなわち赤字です。

これを「売り上げの30パーセントを払う」という契約にすれば、必ず10パーセントが残ります。絶対に損はしません。

最近は自分の仕事を正当に評価してもらえる会社で働きたいという人が増えています。何をやっても同じ給料ではなく、やればやるだけ給料が上がる。意識の高い人が集まる効果も見込めます。

それから、固定費を他者から集めるという方法もあります。

ある知人は、飲食店を10店舗経営しています。普通に考えればとても固定費がかかりますが、共同オーナー制にすることで、家賃を実質ゼロにしています。自分で店を立ち上げて、オーナーを募《つの》る。家賃が30万円であれば、10人のオーナーから3万円ずつ集める。そうして売り上げの数パーセントを支払うというビジネスモデルです。

ここでは簡単な事例をお話ししましたが、ほかにもやり方はいろいろとあります。そうした知識を持っておくことに、メリットはあってもデメリットはありません。どこかで必ず役立ちます。

数字に対する意識を持つ

起業して、最初はお金の知識に乏《とぼ》しくても、毎月顧問税理士と会っていろいろと教えてもらえば、徐々に詳しくなっていきます。これがとても重要なことで、同時に多くの新米経営者ができていないことでもあります。

起業する人は勢いのある人が多く、とにかく売り上げを上げることしか考えていない。売り上げと資産しか見ずに、費用や負債を気にしません。

必ず税理士と会って、数字を見るようにしてください。といってもそんなに細かく見なくても大丈夫です。売上利益と経費を、前月比、四半期別、前年比くらいで見ていくくらい。本当にざっくりで大丈夫です。僕も資料をもらってちょっとした時間にパラパラと見る程度です。

ただこの感覚がないと、自分の会社がどういう状況なのかを知ることができません。12月末に帳簿を付けたときに、意外と売り上げが少ないとか費用を使い過ぎていたということになりかねない。

そうして税金を払うときに苦労するわけです。節税対策もできません。毎月締めて、翌月でも翌々月でもいいから、ちゃんと見ることが大事です。

ファッションモデルの人は、毎日体重を測るのではないでしょうか。どれくらいカロリーを摂取して、どれくらいの運動で消費しているかを把握しているはずです。スポーツ選手だって、体脂肪を測ったり、自分がどれだけの速さで走っているかをチェックしたりします。それを**1年に1回しかしないと考えると、どれだけ適当かがわかる**のではないでしょうか。

ちゃんとお金の動きを見ておけば、経営のリスクは最小限になります。この本を読んでいる段階では、まだ経営するということにリアルなイメージは持てないと思いますが、実際に起業したとき、そのことを忘れないようにしてください。

人と働くということ

人材を集めるためには

フリーランスや個人企業でやっている間は自力が勝負です。自分で勉強して、自分を優秀にしていけば、どんどん売り上げが上がっていきます。

ただし、そこから**規模を大きくしようと思うと、今度は他人の力も必要になってきます**。

考えるべきは、大きく分けて求人と教育です。経営者に限らず、会社員として働く人も、部下や後輩を育てていく上で参考になることがあると思いますので、読み進めてみてください。

人を雇うためには、まず求人です。**普通に考えれば求人広告を出そうとなるわけですが、ここで間違いが起きやすい**。こんな仕事をする会社で、これくらいの給料です。定時は何時から何時です。というように、フォーマットに沿った広告では人は集まりません。

なぜなら、ベンチャーには知名度がないからです。

応募者から見たら「よくわからない会社」です。広く募集すれば、面接にはたくさんの人が来てくれるかもしれません。でもそうした人たちは、大企業も含めてたくさんの企業を見ています。自分の会社に欲しいほど優秀な人であれば、なおさら競争率が高くなります。

そこで大企業と同じ見せ方をしていても、なかなか選んでもらえません。僕の知人のベンチャー社長の中にも、面接に100人来たけれど1人も採用できなかったというような人がたくさんいます。

そこでどうにかして集めるとしたら、勤務時間を短くする、給料を高くする、楽な仕事にする、といったことしかありません。仕事にやる気のある人を集めたいのに、矛盾してしまいます。

一緒に会社を大きくしていこうという意思を強調することが大事です。「うちの会社に来れば安心ですよ」では雇えません。雇われる側からしたら、**安心を求めるなら絶対に大企業のほうがいい**わけです。

ビジョンを共有できる人や、いずれ経営者になりたいと考えている人を探す。大企業ではできない仕事ができるということを見せるようにしましょう。

僕が実際にやっていたのは、自分たちのスクールで講座を受けている人たちの中で、優秀な人に声を掛けていくという方法です。実力もわかっているし、講座を受けてくれているくらいなので、そもそも僕たちと同じベクトルの意識を持っています。実際に仕事を始めても、すぐに足並みを揃えることができます。

採用モデルとしては、ジャニーズ事務所も同じような形です。ジャニーズジュニアの中から選んでデビューさせる。人に教えることをビジネスにしている場合は、同様の方法で求人採用ができるはずです。

「教える」ではなく「導く」

人を育てるときに、「ティーチング」「コーチング」という言葉が使われます。簡単にいえば、教えることがティーチング、導くことがコーチングです。

僕はティーチングにあまり必要性を感じません。

教えることがうまい人が他人を動かせるかというと別の話です。学校に、英語を上手に教えてくれる先生がいたとします。そうして英語が世の中で必要だ、勉強しておくと有利だと言われる。そのことは理解できていても、実際に英語を勉強し続けて、TOEICで満点を目指す人なんてほとんどいないわけです。どれだけ教えることがうまくても、人を導くことはできません。

能動的な人を育てるために必要なのは、コーチングです。

僕が思う**コーチングとは、すでにやる気のある人に、新しい概念や価値観を持って**

もらうことです。やる気のない人にやる気を出させるというのは時間がかかるし、そもそも無理な場合もあります。ビジョンや意欲を重視した求人方法の大切さは、ここにもあります。能動的主体的な人と仕事をしていれば、相手は勝手に育つ。そこにアドバイスをしてあげるだけです。

人を導くために必要な要素はさまざまありますが、ここでひとつお話ししたいのは、「伝え方」です。

「ストーリーフォーミュラ」という言葉をご存知でしょうか。人はただ情報を与えられるだけでは、頭に入ってきません。そこに必要なのは物語です。例えば自分はこういう人間で、過去にこういうことがあったから、いまここにいるという伝え方。そうした**物語に共感することで、言われていることが深く響く**のです。

相手の立場に立てばわかると思います。単純にこうしましょうと言われても、腑に落ちません。

ただ、誰の話が響くかは人によって全然違います。自分に対して強い信頼感を持ってくれている人であれば自分の話ですし、尊敬する人や有名人、過去の偉人のエピソードが響く場合もあります。

あるいはその本人のライバルの話です。「君と同じ時期に始めた彼は、もうこんなことまでできているよ」と話すことで、「あいつにできるなら俺もできる」という気持ちになってくれる場合もあります。

またその伝え方も、厳しく言ったほうが良い場合もあるし、楽しい雰囲気を作り上げたほうが良い場合もあります。教えているようで、本人に気づいてもらって自分で伸びていくようにベクトルを向けることが大事です。

誰の話が響くか、どんな伝え方が合っているかは話していればわかります。コミュニケーションの量の問題です。部下がやる気を出してくれない、主体的に動いてくれないという場合、コミュニケーションの機会が少ないことが多い。つまり**自分自身がモチベーションを持って教育していない**のではないでしょうか。

第6章

ゴールは「自分で選ぶ」こと

脱サラは大きな決断ではなかった

決定的にイヤだったこと

僕は二浪して大学に入った時点で、もうのんびり過ごすわけにはいかない、4年間絶対に遊ばないと決めました。ここまでにもお話ししていますが、公認会計士試験を目指したのは、数学が得意だったこと、将来起業を考えていたこと、それに、お金が儲かりそうだというシンプルな理由からでした。

脱サラや起業を本気で考え始めたのは、会社員になって2年半くらい経ったときでした。ロバート・キヨサキの『金持ち父さん貧乏父さん』（筑摩書房）という本に出会ったのがきっかけです。

2人の父さんは、主人公の父親と友人の父親です。主人公の父親は高学歴でしたが、お金は諸悪の根源だという考え方で、大きな資産を持つことはできませんでした。一方の友人の父親は高校すら出ていない。でもお金について勉強して起業し、「金持ち父さん」になっていくという話です。

自分は名門と呼ばれる大学を出て有名企業に入ったけれど、このままでは貧乏になるのかもしれない。いま動かなければ後悔してしまう。そう思って、起業の勉強を始めました。

会社員が不自由だとはいえ、僕の職場は一般的な会社員と比べると自由度は高かったと思います。

1人10社くらいのクライアントを持っていて、毎日現場が異なります。スケジュールもみんな違うから、同期に会うことも少ない。直属の上司がいるわけでもなく、「これをやれ」というように仕事を命じられることもありません。会社に自分の机はなくて、好きな所に座って仕事していました。小さなことでイヤな部分はあったけれど、いま思い返せば恵まれた環境でした。

ただ、決定的にイヤだったことがひとつ。**憧れの上司がいなかった**ことです。第3章でみなさんに、会社の中に、尊敬できる人がいるかとお聞きしましたが、僕もいませんでした。

頭の良い人はたくさんいました。信じられないくらい仕事ができる人もいました。でも、ああいう人間になりたいと思える人がいない。ということは、**いずれ自分も後輩や部下にそう思われる**わけです。仕事に対する魅力は、どんどん失われていきました。

脱サラしたときの記憶がない

上司に辞意を伝えたとき、強く反対はされませんでした。考えなしに仕事を辞めるのであれば反対されていたでしょうが、理屈が通っていたのだと思います。

なぜ辞めたいか、なぜ起業したいか。形式的な言葉ではなくて、自分はこうなりたい、そのために半年前から準備をしてきて、将来はこういうビジョンを描いていると、まるでプレゼンのように、自分の言葉でしっかりと伝えました。

その上で、この会社ではいろいろ学ばせてもらって感謝している、会社がイヤで辞めるわけではないと、**気持ちをしっかりと伝えたことで、上司も気持ち良く賛成してくれた**のだと思います。

僕は脱サラすることを、それほど大きな決断だとは考えていませんでした。会社員として働いた期間はほぼ3年。僕は中学校3年間野球部だったのですが、頑張った部活を引退するような感覚でした。

退職を決めてから実際に辞めるまでの期間、会社の中でのことがほとんど記憶にありません。最終出勤日のことすらまるで覚えていない。

覚えているのは、とにかく将来に対するやる気があったことだけです。先のことしか考えていませんでした。不安がなかったといえば嘘になるかもしれませんが、その不安も楽しむくらいの気持ちでいました。

努力の時間はどれくらいか

人生をショートカットする5年間

僕の祖父は結構な財を成した人でした。第2章で彼の言葉を紹介しましたが、ほかにもいくつか印象的な教えがあります。

ひとつは**「人生5年は修行しろ」**。

浪人に2年、大学に入ってからはTACとのダブルスクールで3年間勉強しました。祖父の言葉通り、5年の修行で公認会計士試験に合格したことになります。

その5年間は、僕にとって人生をショートカットするための時間でした。公認会計士試験に合格して入社した会社では、1年目の年収で600万円くらいもらえました。**普通に働けば、そこまで稼ぐのに20年かかる人もいる。それを5年頑張るだけでショートカットできる**わけです。

そのときは年収が高いというだけで人生を楽しめると思っていて、結果的にそれは間違いだったわけですが、公認会計士試験の勉強で学んだことや会社での仕事が、いまの自分の土台になっていることは間違いありません。

記憶に残る祖父の言葉がもうひとつ。**「みんなが遊びたいと言っているときに遊ぶな。みんなが働かなければと言っているときに遊べ」**。

この言葉のお陰で、いま頑張っておけば、将来が楽しくなると考えることができていました。だから同級生が「社会人になったら遊べなくなるから、いま遊んでおかないと」と言っていても、気になりませんでした。

最近は100年人生といわれます。この本を読んでいるあなたが、仮にいま25歳だとしたら、5年頑張って30歳。そこからの70年間を楽しむための、たった5年間です。

これが35歳、40歳になったら、その分リカバリーもききづらくなってくる。楽しい時間も短くなります。どこかで頑張るのだったら早いほうがいい。これは間違いなく言えます。

一流になるには3年かかる

僕は「5年の修行」のほかにも、基準としている時間の区切りがあります。3週間、3カ月、1年、3年。それから10年です。

人間は新しいことを始めて**3週間続くと習慣になる**といわれます。

3カ月必死にやれば、ある程度の実力が付きます。短いと思われるかもしれませんが、何かを全力で3カ月続けるというのは、人生でそんなにない経験ではないでしょうか。わかりやすい変化がなかったとしても、自分を認めることができるはずです。

その次に1年。**多くの仕事や勉強のサイクルは1年**です。1年で土台を作って、次に展開、応用していくイメージです。

そして3年。みなさんは「1万時間の法則」をご存知でしょうか。**1万時間努力すれば、その分野で一流になれる**というものです。1日10時間365日、3年続ければ、約1万時間になります。

僕の場合、公認会計士試験の勉強に3年、会社員時代が3年、起業してから業績が安定するまでもだいたい3年でした。みなさんも、3年働いたらひと通りのことができるようになったな、というような経験があるのではないでしょうか。

10年かけて人生の足跡を残す

経営者の評価は数字で決まります。つまりは売り上げや年収。会社員時代に上場企業の会計監査も担当していたのですが、年商数千億、数兆円という企業はたくさんありました。自分がベンチャーとしてそこまでいくのは、現実的に厳しい。

お金以外の点で、どうすればたくさんの経営者の中で埋もれずに、突出したものを持てるか。そう考えていたときに、書店に行くと、ヒントが見つかりました。本を出している経営者はたくさんいますが、100万部発行している人は滅多にいない。これなら、自分でもいけるのではないかと思ったのです。

1冊で100万部は無理でも、1冊1万部として100冊出せば達成可能です。そうしてほぼ毎月のペースで本を出しています。

同業他社もたくさんいる中で、何か目立つこと、すごいねと言ってもらえることがあるほうが強いと考えたわけですが、そうした理由は副次的なものかもしれません。

単純に、みんなが持っていないものを欲しいという気持ちがあります。みんながやっていなくて達成しづらいものは何か。100万部を達成した経営者は周りにはいない。これを実現したら満足できるだろうと思いました。


人生を振り返ったとき、**何かを「やり切ったな」と感じるためには、10年はかけないといけない**と思います。欲しいものを追い求めていたら、結果的に10年かかるということかもしれません。プロスポーツ選手になる、芸術家になる。やっぱり10年はかかるのではないでしょうか。

僕はこれまでの人生で、10年かけてひとつのことをやり遂げた経験はありません。20代を振り返ると、いろいろやったなと思います。浪人して大学に入って、公認会計士試験の勉強をして、会社員で3年。起業して5年ほど経ちました。

そうして30歳になったとき、死ぬときに「これをやりきった」というものが欲しいと思うようになりました。10年かけて本を出し続ければ、「あのときは本ばかりやっていたな」と満足できるのではないかと思ったのです。40歳から何をするかは決めていませんが、また何か新しい目標が出てくると思います。

それは人生の足跡を残しておくということかもしれません。両親に「仕事どう？」と聞かれることがありますが、どんな仕事かを細かく説明をしても、やっぱりちゃんと理解してもらえません。

でも、本を出した、何冊売れたという話は喜びます。形として残るからだと思います。本を出していくことは、親孝行にもなるのだと気づきました。

あるいは将来結婚して子どもができたとして、本であればいつでも、いつまでも読ませることができます。それに、自分が70代になって現役を引退して、酒を飲みながら、あのときはこんなことを考えていたのかと読むこともできます。自己満足に過ぎないのかもしれませんが、そんなことも面白いのではないでしょうか。

自分の中に基準を作る

起業家に中退者が多い理由

3年、5年、10年という話は、必ずそうしなければいけない、そうでなければ成功できない、といったルールではありません。自分の中にある、自分だけの基準です。

何かをやるとき、基準が自分の中にあるのか、周りに決められた基準しかないのかという差はとても大きい。

いつも周りに歩調を合わせてしまう人は、スタンダードが自分の外側にあります。例えばみんなで飲みに行って、自分以外の人たちがビールを注文したとします。そこで「あまり飲みたくないけれど、1杯目はビールにしとくか」と考えた瞬間に、自分の外側に基準を作ってしまいます。次の飲み会も、その次の飲み会もビールで乾杯でしょう。

自分の基準の種は、ある種の反抗心です。ことあるごとに反抗しろというわけではありませんが、自分が納得していなければ、ハッキリと意思表明するべきです。

飲み会で自分だけ最初から焼酎を飲んでもいいし、「今日は帰るわ」というのでもいい。自分もビールを飲みたいならわざわざ反抗する必要はありませんが、そうして**周りの意見に左右されない習慣を意識的に作っておかないと、人生の大事な選択でも同じことをしてしまいます**。

各界で一流とされる人は、基準が自分の中にあるのだと思います。

例えば、有名な経営者や起業家に大学中退者が多いのは、周りの評価など気にしないからです。「みんな卒業するから自分もしなければいけない」とか、「履歴書に大卒と書けない」といったような不安は一切ないのでしょう。ここで学ぶべきことはもう学んだから、早く次に行こう。そう決めることができるからこそ、結果も出せているのだと思います。

あるいはスポーツ選手です。子どもの頃に、サッカーや野球をして遊んだ人は多いと思いますが、ゴルフをしていたという人は少ないでしょう。

石川遼《いしかわりょう》選手は6歳からずっとゴルフをやっていたそうです。やっぱり、友達からサッカーやろう、野球やろうと言われたはずです。時には珍しいスポーツをしているとバカにされることもあったのかもしれません。もちろん遊びとしてほかのスポーツもしていたのでしょうが、ずっとゴルフを続けてきた。それも基準が外側ではなく自分の中にあるということだと思います。

「スピード」「量」「質」の基準

自分だけの基準として、僕が意識しているのは、「スピード」「量」「質」です。

まずはスピード。僕は大学の入学式前に公認会計士試験に申し込んで、ほかの人は

9月くらいだったとお話ししましたが、これは周りが遅いというわけではありません。普通に考えると、それくらいのスタートになります。大学に合格して、とりあえずはキャンパスライフを楽しみたいというのは誰もが考えることでしょう。それが、基準が自分の外側にあるということでもあります。

僕は商学部でも経営学部でもありませんでした。産業社会学部で公認会計士試験を目指す人はほかにいませんでしたが、別に気にはなりませんでした。

それでTACに入ってみると、公認会計士を目指すということがスタンダードの環境になるわけです。そこではもう、スピードのアドバンテージはなくなります。次は量の基準です。TACは基本的に10時から22時まで。中にはとても効率の良い人がいて、17時くらいまでしか勉強しなくても合格した人もいました。彼にとってはその時間が自分の基準なのでしょう。

僕は同じ基準を持てないので、量に頼ることになります。朝7時からTACの近くのカフェで勉強する。夜10時に学校が終わってからは24時まで勉強する。10時から22時という外側の基準を無視して、自分の基準で勉強するわけです。

あとは質。合格のための一般的な基準が試験のたびに点数が3点ずつ上がっていくことだとしたら、5点を目標にする。どちらが伸びていくかは明白です。

自分で作った基準がなければ、脱サラも難しいと思います。周りに反対されたときに、「そうだよね、危ないよね」となってしまう。

脱サラするにしろしないにしろ、周りの基準だけでしか判断できない人は危険です。どんな企業も安泰とは言えない時代です。もし、**自分が基準としている「周り」がなくなったとき、どうすればいいのか**。そこを考えてほしいと思います。

自分をより良くすることが当たり前

自分の基準作りという点で、もうひとつ。

僕は最近筋トレに熱中しています。始めた理由はすごく小さなことで、座ったときにベルトの上におなかの肉が乗ることをすごくイヤだと感じたからです。経営者は太っているイメージがあります。自分も経営者になって太っているのなんて、何かあからさまでダサいと思いました。

浪人時代や大学時代は勉強で時間がなく、食事もファーストフードやコンビニのものをよく食べていました。会社にも健康志向の人はいなくて、みんな平気で揚げ物やラーメンを食べていました。当然太ってきます。

起業後、事業が安定してきたことで時間的余裕が出てきたという理由もありますが、この習慣を変えてやろうと決めました。


体作りには、運動だけではなくて、食事や睡眠も関わってきます。

何を食べたら体に良いのか、どんな食べものを避けるべきなのかを常に考えています。糖分はなるべく摂《と》らない。コンビニで食事を買うことは極力避ける。加工食品とか添加物が入っているものはやっぱりよくありません。

飲み水ひとつをとっても、軟水、硬水、炭酸水、いろいろな種類を飲むといいそうです。毎日赤ワインと白ワインを一杯ずつ。赤はポリフェノールで老化予防。白には血糖値を下げる働きがあって、太りにくくなります。どんなマットや枕で寝ればいいのかも勉強しました。

余談を続けているようですが、ここで言いたいのは、**何か熱中するものがあると、思考停止に陥《おちい》らない**ということです。

普段の生活だけではなく、旅行に行っても、何を食べるか、快適な睡眠を取るためにはどうすればいいのかと考えるようになります。

カロリーがいくら、量がいくらと考えるので数字で考える癖も付きます。

それに、間接的に物事を好きになる練習にもなります。僕は昔から麺類が好きで、いちばんはラーメン、2番はうどん、その次にそばでした。でも体作りにはそばがいいと聞いて意識的に食べてみると、とても好きになりました。飲み物も、学生時代は甘いミルクティーをよく飲んでいましたが、いまはもう飲めません。コーヒーでもブラックです。

不必要な要素を排除する癖も付いてきます。せっかく頑張って鍛えているのに、嫌いな上司と飲みに行って余分なカロリーを摂りたくないよな、と考えるようになります。

そうして毎日、自分を軌道修正する。言ってみれば生活すべてのＰＤＣＡです。自分の中にそうした思考回路ができることで、ビジネスにも生きています。「筋力は金力」という言葉は本当だと思います。

みなさん筋トレをしましょうと言いたいわけではありません。食べることが趣味の人は、美味しいお店を熱心に探します。美味しく食べるために一日のスケジュールを考えることもあると思います。

夢中になれるものがあると、**常に自分をより良くしようとすることが当たり前になっていく**。その意味でも、自分のやりたいことを我慢しないということは大事なのです。

過去のやり方を思い出せばいい

頑張る必要はない

何をやるにしても、勉強や下積みの時間は必要です。でも、それを**我慢しながらやっているのでは身にならない**ことが多い。仕事をいやいややっているうちに、なんとなくできるようになってきたな、ということもありますが、やっぱり遠回りだと思います。努力すること自体が目的になってしまってはいけません。

それなら自分が打ち込めるものに方向転換したほうが早いし楽しい。

もちろん、熱中できることが結果的に人生の目的を叶えるために最短の道かどうかは別です。いま振り返れば、僕は大学受験や公認会計士試験の勉強をしなくてもよかったのかもしれません。でもそのときには目標を持ってやっていたから、とてもいい時間の使い方だったと思えます。仮に落ちていても、やり切ったと言えていたはずです。

大学とＴＡＣのダブルスクールをして、７時から24時まで勉強する。その時間を客観的に見たら、とても頑張っているわけです。でも自分は楽しみながらやっているので、辛いという感覚はありませんでした。いまの生活も同じです。毎日朝から晩まで忙しいですが、毎日が夏休みです。

将来のために行動を起こす。それを持続していく力は必要ですが、「頑張る」必要はありません。やりたいかやりたくないかだけです。

脱サラはやらなければいけないことではありません。やりたいからやることです。もっと楽しく働くために、もっと幸せに生きるために、新しい自分に出会うために。そうした前向きな選択であるはずです。

そこで頑張るという意識を持ち過ぎるとうまくいかないように思います。自分に合わない選択をしてしまったときに、**後ろに戻ったり別の道に変えたりということができなくなる**。そうして苦しいまま、どんどん時間だけが過ぎていってしまうのです。

やりたいことが見つかれば勝手に熱中する

自分に合うものを見つけたとき、「頑張る」とか「やらなければいけない」という意識をまったく必要としないで、人は勝手に熱中するものです。

いままでの人生の中で、**何かに没頭したときのことを思い出してください**。気がつけば夢中になって、結果も出せていたのではないでしょうか。そうした経験があれば、誰でもこれから先の仕事に没頭できます。

そんな経験はないという人はいないと思います。勉強、部活、仕事。そこに思い当たることがなくても、あの時期は毎日寝不足になりながらゲームしていたな、とか、同じアイスばっかり食べていたな、という経験は誰にでもあるはずです。そうしてゲームが上手になる、アイスに詳しくなるということも、立派な結果です。

そのときに覚えた、自分なりのやり方があるはずです。何かに一生懸命になって、あらゆる方法を試しながら、クリアしていく。そうした**困難の乗り越え方や自分を成長させる方法は、取り組む対象が変わっても必ず通用します**。これから目の前に現れる障壁も、同じように乗り越えていくことができるのです。

そして、一度できたことを繰り返していると、どんどん精度は高まり、より速く、より上手にできるようになっていきます。**過去に巻き戻して、そこから早送りをする。そうして気づいたら前回より高い場所に上がっている**。また上に、また上にと上がっていける。その積み重ねが、自分を幸せな人生へと連れて行ってくれるのです。

本当の成功とは何か

もっと嬉しいことが待ち受けている

いちばん美味しいラーメン屋を見つけることが目的だとして、ひとつのお店を見つけた時点で成功だと思ってしまえば、そこで終了です。本当はもっと美味しいお店もあるはずです。せっかく美味しいラーメンを追い求めてきたのに、その味を知らないまま人生が終わってしまう。

脱サラするとき、上司に報告してから辞めるまでのことが記憶にないという話をしましたが、大学受験や公認会計士試験に合格したときのことは、強く覚えています。

それは、合格したこと、つまり**ゴールが嬉しさのピークだったからです。それ以上に嬉しいことは起きません**。

起業してからも、売り上げが上がっていったり、本が売れたり、嬉しいことはたくさんあるはずなのに、あまりはっきりと覚えていません。こちらは、まだゴールではないからです。**もっと嬉しいことが待ち受けている**からです。

一度手に入れたら一生残るというものはつまらない。手に入れた瞬間に、過去の栄光になります。一生をかけなければ手に入らないものを追い求めるほうが面白い。誰もが、もっともっと上を目指すべきです。

人生の目的や夢を達成することではなくて、目指すことが大事だということかもしれません。プロ野球選手になるのは素晴らしいことですが、本当の価値はそこを目指して費やした時間の中にあるのではないでしょうか。小中高と12年間野球にのめり込んだけれど、プロ野球選手にはなれなかった。そうした人が「野球なんかやらなきゃよかった」とは思わないはずです。

大人になると、子どもの頃以上に、簡単には達成できないものが増えていきます。

いろいろな理由で途中放棄してしまうようになる。それを「失敗」と呼ぶわけです。
でも、**自分で終わりにしない限り、いつまで経っても失敗はやってこない**のです。

自分だけの哲学を

以前、ある出版社の編集者の方に、「そんなに頻繁に本を出さないほうがいい」と言われました。それが業界の常識で、少し期間を空けながら出したほうが売れるのだそうです。それを聞いたとき、「よし、絶対毎月出してやろう」と思いました。

編集者の方が言うことに、自分が納得できなかったからです。もし具体的に数字を見せられて、こっちは毎月出した場合、こっちは半年に1回出した場合、はっきりと違いますよね、という話を聞いていたのなら、考え方が変わっていたのかもしれませんが、そうではありませんでした。

僕のやり方で40歳までに100万部に届かなかったとしても、後悔はありません。45歳で到達するのでも、結果的に到達しなかったということでもいい。自分の納得しないやり方で到達するよりよっぽど満足できます。自分の価値観で動くことができていれば、結果は二の次です。

特に興味のないことや、自分の中で重要ではないことであれば、そこまで自分が納得できるやり方を通すということはありません。でも、こだわりたいことでは、絶対に納得した上で動きたい。これは効率や数字に表せるものではありません。自分だけの哲学です。

僕は昔から人に相談しません。

自分の悩みを人に伝えたところで、年齢も性別も違うし、そのときの状況も人生経験も違う人に、気持ちがわかるはずがないと思っています。

それに、相談した相手の意見に従って道を選んで間違ったときに、その人のせいにできるわけではありません。**仮に正解だとしても、ただの偶然**です。再現性はありません。次また同じように選択を迷ったとき、過去に自分で選んだという基準がなければ、ただの確率論になってしまいます。

この本でもお話ししたように、動くためにリサーチやモデリングは必要です。でも最終的な意思決定は自分がしなければいけません。判断の根拠を自分の言葉で言えなければいけない。

逆にいえば、そこまで考えることができた時点で、その答えはもう正しい。正確に表現するなら、正解にすることができるはずです。

人に点数なんてありません。見せる必要も、評価される必要もない。幸せの定義は自分の中だけにあればいい。**自分の哲学に矛盾しない選択をできたのであれば、もうその道を楽しめばいい**のです。

人は騙せても自分は騙せない

転職や起業の話をすると「転職したら絶対に良い会社が見つかるんですか」「起業したら成功するんですか」と言う人がたまにいます。

当然ですが、それはわかりません。**良い会社があるから転職できるわけではありません**。良い会社に入りたいと思って、日々行動したり反省したりするから、良い会社に入れるわけです。起業したからといって、誰もが成功できるわけではありません。

自分の目的を叶えたいと努力するから、結果が出るのです。

誰かに言われて脱サラするのではなく、自分で決めてください。この本を読んで、自分はいまの会社のままでいいと思うのならそれでいい。遊びたいと思うのならそれでいい。でも、受け身になっていれば、絶対に失敗します。

ルール、規則、常識、周囲の目。世の中には自分の行動を縛るものがたくさんあります。「選ぶ」ではなく「選ばされている」、「動く」ではなく「動かされている」。そうした人生を終わりにして、**自分の基準で決めるという体験をする。それが本当の成功**です。

他人に嘘をつくことは簡単です。その嘘を信じさせることもできる。動いてみたけれど、うまくいかない。そのとき誰かに「もうやめるのか」と言われて、本当にそう思っていなかったとしても、「うん。あきらめた」とは言えます。

でも、**自分にどれだけ嘘をついても、自分を騙すことはできない**。そのことを忘れなければ、人生は必ず良い方向に変わっていくのです。

おわりに

この本を読んでいただいて、みなさんの考え方はどのように変わったでしょうか。

動くのか、動かないのか、その答えは出たでしょうか。

どのような選択になるにしろ、より自由で楽しい人生を選ぶためのきっかけとなれば嬉しく思います。

……と言いながら、僕は、みなさんの答えはすでに決まっているはずだと確信しています。

なぜなら、この本を買って、ここまで読んでいただいたからです。それが何よりの証拠です。この本を見つけたのは書店でしょうか、あるいはネットショップでしょうか。いずれにしろ、表紙に『脱サラ』と書かれている本を買った時点で、脱サラしたいと決まっているはずです。

まさか「ずっとこの仕事で頑張っていく」という人が手に取る本ではないでしょう。

それに、買った上で、「あ、やっぱり脱サラは違うな」と思っていれば、ここまで読まないはずです。

人が悩むとき、迷うとき、その選択肢の中のどれかに「やりたいこと」が必ずあります。本当はそれを迷いなく選べばいいのに、みんな不器用だから、余計なフィルターを掛けてしまう。そうして判断が難しくなってしまうだけです。シンプルに考えれば、答えは必ず出てきます。

そこから一歩を踏み出すために必要なのは、少しの勇気だけです。その勇気でさえも、無理やり湧き立たせる必要はありません。いままでにしなかったことをするだけで、すぐに不安は消えていきます。

そしてそのタイミングは、いまです。この本を閉じてすぐにできることはたくさんあります。転職サイトを見てみる、辞表の書き方を調べてみる。そうして「知らないこと」が「知っていること」に変わっていく。気づけば動き始めているのです。

2019年7月

金川顕教

📖『小説CHANGE ～エリートへの道を捨てても僕が欲しかったもの～』
（サンライズパブリッシング）

📖『すごい勉強法』（ポプラ社）

📖『3秒決断思考 やるか、すぐやるか。』（集英社）

📖『明日も、こだわらない日にしよう お金と仕事と幸せを「最適化」する
メンタルリセット』（主婦と生活社）

📖『毎日チェンジ手帳2.0』（扶桑社）

📖『いつの間にか稼いでくれるすごいチーム』（KADOKAWA）

📖『スマホ1台から1億円稼ぐ技術』（徳間書店）

📖『年収300万円の人の悪習慣 年収1000万円の人の良習慣
年収1億円の人のすごい習慣』（サンライズパブリッシング）

📖『仕事と人生を激変させるなら99.9%アウトプットを先にしなさい』
（SBクリエイティブ）

📖『すごい副業』（ポプラ社）

📖『AIに負けないためにすべての人が身につけるべき「営業学」』（KADOKAWA）

📖『人もお金も動かす 超スゴイ！ 文章術』（すばる舎）

📖『頭のいいバカになれ！ マンガ 稼ぐ人に共通する、最強の法則』
（実業之日本社）

📖『年収1億円の人の怒らない生き方 怒らない人の頭の中』
（サンライズパブリッシング）

📖『金川流 人財募集要項 求められる人になる45の条件』（秀和システム）